KB175859

엄마 미술공부 하자!

엄마 미술공부 하자!

글 정혜연 · 그림 서수인

이담
Books

교육학자들 중 일부는 자녀를 둔 부모로서 자신들의 교육학적 지식을 실험적으로 자신의 자녀들을 교육하는 데 실천하고 있다. 사실 이 실천은 어떤 점에서 도전이자 모험이다. 이들 중 일부는 가장 개혁적인 방법으로 실천하고, 일부는 현실 교육과 이론 사이의 절충을 택하기도 한다. 어떤 경우든지, 이들이 추구하는 것은 교육의 본질에 충실하고자 하는 노력이라고 할 수 있다. 예를 들어 학생들이 학교에서 수학을 배우는 목적은 수학시험에서 좋은 점수를 받기 위한 것이 아닌데도 높은 점수를 받기 위한 교육이 학교와 가정에서 일반적으로 행해지고 있다. 이런 학습이 바람직하지 못하다는 것은 누구나 알고 있을 것이다. 실제로 학생들이 수학을 배우는 목적은 그들이 수학을 배우는 과정에서 그들의 수학적 사고능력의 함양에 있다. 미술교육의 경우 머릿속에 생각으로 자리 잡은 아이디어를 미술재료를 이용해 시각적으로 만들어 내는 표현력과 우리 주변의 시각문화를 자신만의 미적 언어로 재구성하는 이해력이 중요하다는 것을 우리 부모들은 알고 있다. 하지만 우리가 받아온 교육과 선입견으로 인해 실재 사물이나 풍경과 닮은 '잘 그린' 그림이 좋은 미술적 재능의 산물이라 여기기도 한다. 즉, 이 시리즈에서 다루는 내용은 교육학자들이 가장 최근에 연구한 이론을 자녀들과 실제로 실천하면서 얻은 소중한 경험이라는 점에서 가치가 있다. 이런 방법들은 독자들이 가정에서 자녀들을 교육하면서 활용하고 있는 방법과 그 이면에 담긴 원리들과 부합하지 않을 수 있다. 그럼에도 다양한 실험과 논의를 통해서 검증된 학습원리를 바탕으로 자신의 자녀에게 적용한 결과라는 점에서 신뢰할 만한 접근이라고 할 수 있다. 물론 본 시리즈가 이론을 다루기 위해서 기획된 것이 아니므로 심도 있게 관련 이론을 다루지는 않을지라도 독자들에게 도움이 될 수 있도록 가능한 한 쉽게 그 이론들을 풀어서 제공하려는 노력을 각 집필자들은 기울일 것이다.

이 시리즈에서 제공하는, 많은 교육학자들이 자녀와 함께 학습하면서 즐긴 지적 희열을 여러분도 자녀들과 함께 학습하면서 즐기기를 바란다. 어린 시절의 앎의 즐거움이 자녀에게 평생의 앎의 즐거움으로 이어지기를 진심으로 바란다. 이제는 평생학습의 시대가 도래했다. 평생학습의 시대는 이미 다양한 지식을 습득한 것으로부터 자신감을 갖기보다, 자신이 알지 못했던 것에 대해 배울 수 있는 지적 능력이 자신에게 있음을 인식함으로써 진정한 자신감을 높일 수 있다.

본 시리즈를 통해서 독자의 자녀가 이런 자신감을 형성할 수 있기를 진심으로 희망한다.

본 시리즈가 출판되기까지 많은 관련 당사자들에게 감사하는 마음을 표하고자 한다. 먼저 부모들에게 감사한다. 모든 부모가 자녀의 학습에 관심을 갖겠지만, 자녀와 함께 직접 학습 경험을 공유하고자 노력하는 부모들에게 감사한다. 또한 자녀들에게 감사한다. 학습은 늘 새로운 대상을 이해해야 하는 것인데, 새로운 대상을 이해하는 것은 매우 어렵다. 이 어려운 과정을 경험해야 하는 것이 바로 우리의 자녀이다. 우리가 자녀를 위해서 해야 할 과제는 바로 이들의 잠자는 무한한 창의력을 깨워주는 데 있다. 마지막으로 본 시리즈의 출판을 허락해주신 한국학술정보(주)에 진심으로 감사의 인사를 드린다.

시리즈 에디터 김진호

수인이와 수인 엄마는요

수인이는 영재입니다. 영재를 평가하고 판단하는 기준은 여러 가지라서 어떤 기준으로 수인이가 영재인지는 확실치 않긴 하지만, 적어도 미국 뉴욕 시 교육청에서 인정한 영재임은 확실합니다. 수인이는 4세에 뉴욕 시에서 실시한 **G&T Test(Gifted and Talented Education Test)**에서 99퍼센타일, 즉 상위 1% 이내 판정을 받았습니다. 최고점수지요. 그리고 2012년 가을 현재 G&T 시험 1% 아이들만 갈 수 있는 학교들 중에서도 랭킹 1위라는 **the Anderson School**에 다니고 있습니다.

수인이가 G&T 시험을 보도록 한 수인 엄마는 컬럼비아 대학교에서 미술교육학을 전공한 박사입니다. 그러나 수인 엄마도 수인이가 G&T 시험을 그렇게 잘 볼 수 있다고 생각하지 않았습니다. 왜냐하면 수인이는 집에서 한국말만 사용하다시피 하였고, 시험을 볼 당시 영어가 모국어라기보다는 한국말을 더 선호했으므로, 영어로 진행되는 시험에서 영어가 모국어인 아이들과는 차이가 있지 않을까 했습니다. 게다가 수인이는 10월생으로 뉴욕 기준으로 같은 연도에 태어난 아이들과 함께 시험을 보는 입장에서 어린 편이었습니다. 시험을 볼 당시 수인이는 간신히 4살이 넘은 상태였고, 만약 1월생이라면 10개월 차이가 나는데 이 시기의 10개월은 지각발달에 큰 차이를 보일 수 있기 때문입니다. 그런데 수인이가 99퍼센타일을 받았습니다.

수인 엄마는 교육학자로서 영재교육이 필요한지에 대해 꼭 찬성하는 입장이 아닙니다. 또 영재성이란 무언인지에 대해 계속 고민하고 있고, 아이마다 영재성이 드러나는 시기도 다르기에 뉴욕 시 판정이 아닌 교육학자라는 입장에서 수인 엄마는 수인이가 영재인지 확신하지 못하겠습니다. 따라서 수인이의 영재 판정이 앞으로 수인이의 교육이 밝은 미래로 향할 것이라고도 생각하지 않습니다.

하지만 만약 수인이의 교육에서 주목할 점이 있다면 수인이의 교육은 미술교육으로 시작하고 있다는 것입니다. 수인이와 엄마는 그림을 통해 많은 것을 교감하고 대화하고 함께 배워나갑니다. 영재학교인 **Anderson School**을 다니게 된 이후로 학교에서 배운 것을 수인이는 그림으로 표현합니다. 읽은 책에 관하여 그림을 그리고, 과학시간에 배운 실험의 원리를 그림으로 그려 보고, 학교의 공간적 구조를 평면도면으로 그려 냅니다. 교육학적 언어로 말하자면, 자신이 알게 된 지식을 시각언어로 재해석하여 새로운 지식의 '내면화'를 이루어 낸다는 것입니다. 그러니까 수인이는 그림을 통하여 배우고, 또 배운 것을 그림 그리기를 통해 다시 학습합니다. 많은 미술교육 학자들이 미술은 아동에게 정서적·미적 발달을 가져올 뿐 아니라 인지적 발달까지 가져온다고 주장합니다. 수인이의 영재 판정이 수인이의 인지적 발달이 뛰어나다는 것을 보여 주는 것이라면 이는 아무리 생각하고 고민해도 수인의 미술교육 때문입니다. 엄마와 함께한 '물감놀이'의 영향력을 무시할 수 없습니다. 이 책을 통해 수인 엄마는 미술교육학자이자 엄마로서 미술교육을 설명하고자 합니다.

정혜연

〈수인 그림〉 4살 10개월

〈수인 엄마 그림〉 2012 뉴욕 개인전

contents

아이들이 크는 게 보이는 그림

"미술발달은 형상적 재현을 확연히 넘어서는 것이다. 아동의 미술작품은 인간정서의 발달을 구체적으로 나타내며 세상의 다양한 형태를 구별하고 인지해 나가는 과정을 반영하는 지표이다."

Victor Lowenfeld

우리 아이들은 대략 18개월 이전에 낙서로 보이는 그림을 그리기 시작합니다. 아니 훨씬 전부터 손에 그릴 도구를 쥐어 주면 무언가 흔적을 나타내기 시작합니다. 이 시기부터 그림은 아이들에게 자신이 접하는 세상에 대한 이해를 표현하는 중요한 한 가지의 언어가 됩니다. 언어발달이 빠르더라도 자신의 생각을 언어로 표현하려면 2세 이상은 되어야 하고 말이 느리면 더더욱 언어로 자신을 표현하는 게 서투르게 되며, 이 시기 그림은 아이가 세상을 알아가는 것에 대한 표현입니다.

말을 잘하게 된 이후로도 아이들의 그림에는 음성언어로 표현하는 것보다 훨씬 많은 감정, 예를 들어 자신이 좋아하는 사람은 누구인지, 자신의 관심이 무엇에 있는지, 어떤 욕구가 채워지기를 원하는지가 투영되어 있습니다. 그리고 아이들은 그림을 통해 촉각적으로 접한 세상을 시각화하고 그 세상을 이해해 갑니다. 문자적 언어를 습득하기 이전의 아이들의 낙서화는 의미 없는 것이 하나도 없다고 합니다. 마구 손을 놀려 대는 흔적이 아니라 그림 하나하나가 중요한 의미를 담고 있다는 것입니다. 문자를 알게 된 이후의 낙서는 말 그대로 낙서일 수 있지만, 그 이전의 그림은 오히려 형상이 있든 없든 아이만의 중요한 자기표현인 것입니다.

20세기 가장 저명한 교육심리학자 중 하나인 루돌프 아른하임(Rudolf Arnheim)은 혼란스러운 경험으로부터 잠재적인 질서를 끌어내는 인간의 노력은 태어날 때부터 시작되고 어린이에게 미술은 의미 있는 질서를 이해하고 창조하는 데 필요한 본질적인 도구라고 했습니다. 아른하임은 또한 아이들의 그림은 내적 경향이나 생각을 표현하는 것일 뿐 아니라 자신이 접하는 세상과 그리고 타인과의 대화를 하는 것이라고 했습니다.

그러므로 아이에게 그림 그릴 재료를 접하게 해주고 미술로 이 세상을 탐구해 보도록 하는 것은 미술적 재능을 가진 아이의 재능계발을 위해서이거나 심미안적 감각을 발달시키는 역할을 넘어 인간발달에 절대 필수적인 기본조건인 것입니다.

화가로 미술교육자로 미술교사로 아동의 미술발달에 대해 연구하며, 아이들에게 미술을 가르쳐 왔습니다. 하지만 엄마로서 내 아이와 함께 그림놀이를 하고, 그 놀이를 통한 아이의 발달을 지켜보며, 미술로 얘기하고, 함께 그림 그리는 것은 미술교사로서의 그것과는 사뭇 다른 것이었습니다. 엄마로서 함께 그림 그리는 것은 아이의 미술적 발달을 돕는 것을 넘어 정서적인 유대를 위한 중요한 연결의 끈이었습니다. 아동의 미술적 발달은 다른 인간정서 발달을 확연히 나타내주는 것이며, 아동의 심리를 이해하는 중요한 열쇠입니다.

그렇다면 엄마로서 아빠로서 아이의 정서와 욕구가 담겨 있는 그림을 어떻게 읽어내고 그래서 어떻게 미술로 대화할 수 있을까요? 더 나아가 어떻게 아이의 심리적 안정을 돕고, 아이의 시각언어 발달에 자극을 주며, 창조적 감수성이 발달되도록 도울 수 있을까요?

이 책을 통해 아주 어린 우리 아이들의 그림은 어떻게 발달해 가는지 어떻게 읽을 수 있을지, 아이의 세상에 대한 이해가 넓어질 수 있는 미술놀이는 무엇인지 이야기해 보려 합니다. 우리 수인이가 태어나 막 만 5세가 되는 현재 시점까지의 미술 발달을 수인이의 그림을 통해서 설명해보겠습니다.

크레용을 주면
먹잖아요

1

—

맨 처음 그릴 도구 주기

"아이가 종이나 바닥에 낙서를 시작하는 것은 하나의 언어가 생겨나기 시작하는 것이다. 어린아이들이 열정과 의미를 담아서 시작하는 이 잠재력의 언어는 전 세계적으로 보편적으로 거의 모든 가정과 학교에서 간과되는 언어이다."

Bob Steel, *Draw me a story*

수인이에게 처음 크레용을 준 것은 수인이가 7개월 때입니다. 7개월쯤 되면 이유식에서 핑거후드, 즉 손가락으로 음식조각을 집어 먹는 게 가능한 시기로 많은 엄마들이 과일조각이나 무르게 삶은 야채조각, 빵조각 등을 주기 시작하는 시기입니다. 조각음식을 이때 시작하는 이유는 아이들의 소화능력이 죽 같은 형태의 이유식보다 큰 덩어리를 소화할 수 있게 되며, 이가 나기 시작하므로 씹기 연습이기도 하지요.

〈수인 그림 1〉 7개월

소화와 씹기 연습 외에도 음식조각을 집어 먹는 것은 팔의 근육과 손의 소근육을 발달시키기 위함이기도 합니다. 왜냐하면 이 시기부터 손으로 무언가를 잡아서 자신이 원하는 곳까지 가져가는 손과 팔의 대/소근육이 발달되는 시기이기 때문입니다. 그렇기 때문에 크레용 같은 것을 쥐는 것도 충분히 가능한 시기이지요. <수인 그림 1>은 수인이가 7개월 때, 거의 처음으로 색연필로 흔적을 남긴 것입니다. 많은 아이들이 자신이 남긴 흔적에 신기해하지요.

하지만 많은 부모님들이 그릴 도구를 주는 것을 꺼리기도 합니다. 왜냐하면 이 시기 처음 그릴 도구를 쥐여 주면 많은 아이들이 신기해하다가 대부분 입으로 가져가는 구강기이기 때문에 그림 그리는 크레용이나 색연필을 입으로 가져가는 것은 지극히 자연스러운 일입니다. 그래서 무독성이라 할지라도 색소가 있는 크레용을 아이에게 주는 것을 꺼려합니다.

그럼에도 이 시기 아이에게 그릴 도구를 주고 이것을 종이에 문지르면 색깔, 모양 등이 나타난다는 걸 보여 주기만 하면 많은 아이들이 신기해하며 관심을 가지고 지켜봅니다. 아이에게 직접 쥐여 주면 엄마나 아빠가 하던 것을 따라 스스로 해보며,

〈수인 그림 2〉 8개월

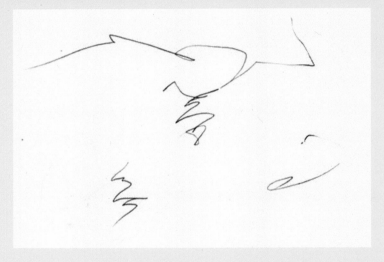

자기 손이 움직인 모양대로 나타난 모양을 신기해하지요. 하지만 많은 아이들은 아주 짧은 시간만 시도하고 금세 다른 것으로 관심을 보이고, 계속 무언가 그리려고 노력하는 아이는 매우 드뭅니다. 이 **짧은 집중력은 그림 그리는 것에 재미가 없기 때문이 아니라, 아직 아이의 집중력이 그 정도 시간밖에 지속하지 못하기 때문**입니다. 그러므로 짧은 시간만 가지고 놀더라도 **지속적으로 그릴 도구와 종이를 주는 것**이 중요합니다. <수인 그림 2>는 처음 그림과 비슷한 시기에 남긴 또 다른 흔적입니다. 매일 짧은 시간 한두 장의 종이와 크레용을 주세요.

아이가 '엄마'라는 한 단어를 하기까지 우리 부모는 얼마나 많이 반복시켜 주는지를 기억하십시오. 크레용도 이와 비슷한 오랜 반복 끝에 습득할 수 있는 언어입니다.

이 시기 그릴 도구를 주는 것은 부모가 아이에게 엄마 아빠라는 말을 하도록 옆에서 도와주는 것과 거의 흡사합니다. 다시 말해 아이들에게는 언어 하나를 소개하는 것과 같습니다. 그렇기 때문에 그릴 도구를 아이에게 소개시켜 주는 것은 미술을 잘하는 아이로 키우기 위함이 아니라 **엄마 아빠를 입으로 소리 내도록 가르쳐 주는 것과 같이 지극히 기본적인 일이라는**

〈수인 그림 3〉 10개월

것을 잊지 마십시오. <수인 그림 3>을 보세요. 수인이는 그림을 통해 자신의 세계를 알아 가고 있습니다. 엄마 아빠에게도 이 세계를 보여 주고 싶어 합니다.

Tip

아이들마다 손의 소근육 발달시기가 다르지만, 대부분의 아이들이 1세 이전 이 정도의 근육발달이 이루어집니다. 쥐여 주고 손을 잡고 함께 무언가를 그려 주세요. 단순한 직선 정도가 좋습니다. 너무 딱딱하지 않은 무른 크레용을 주시는 것이 일반적입니다. 입으로 가져가는 게 걱정되시면, 공갈젖꼭지를 물려 주시거나 다른 음식을 먹는 상태에서 주시면 도움이 됩니다.

2

좀 더 부드러운 크레용,
좀 더 딱딱한 펜

아이가 어느 정도 자기의 손에 쥐어진 도구로 무언가 흔적을 나타내는 행위에 익숙해지면, 그리고 시각적으로 좀 더 다양한 차이를 구별할 줄 알게 되면 다음에는 여러 가지 다른 그림 도구를 주는 것이 중요합니다. 주로 돌을 지나 걷게 된 이후 정도가 되겠지요. 다른 그림 도구라 하면, 일단은 연필, 사인펜, 크레파스, 색연필, 오일 파스텔 등 다른 종류의 그림도구를 말합니다. 하지만 **다른 종류는 물론, 같은 도구 안에서도 다른 느낌의 도구**를 말합니다. 즉, 크레용이라 해도 더 무른 크레용, 더 딱딱한 크레용(상표별로 무르기가 다릅니다), 더 굵은 사인펜, 얇은 사인펜, 6B같이 무른 연필, HB연필 등도 다른 재료적 언

〈수인 그림 4〉 12개월

〈수인 그림 5〉 12개월

〈수인 그림 6〉 13개월

어를 가지고 있습니다. <수인 그림 4>는 크레용을 쓰다 사인펜을 처음 쓴 그림입니다. 선명한 사인펜의 느낌이 작은 낙서에도 보이지요. 그림만큼이나 수인이의 표정이 놀랍습니다. <수인 그림 5>는 크레용 중에 느낌이 조금 무른 것입니다. 크레용이 무르기 때문에 더 적은 강도의 힘으로 그려도 색이 나옵니다. 무른 강도에 대한 반응으로 수인이는 반복적인 선을 그려 내었습니다.

앞에서 설명했듯이 이 시기 아이들의 드로잉이 하나의 언어라고 한다면, 서로 다른 느낌의 다양한 도구는 아이들에게 **새로운 낱말을 소개해주는 것**과 같습니다. 즉, '엄마'를 하기 시작한 아이에게 우리가 '아빠, 맘마, 물' 등을 가르치려 하고, 그 단어를 말할 줄 알게 되면, 사과, 바나나, 복숭아, 또 고양이, 멍멍이 등을 가르치고 싶어 하는 것과 비슷하다고 생각하시면 됩니다. <수인 그림 6>은 무슨 일인가 벌어지는 무대의 한 장면 같지 않나요.

이 시기 다른 느낌의 도구들을 주어 보면, 우리 어른들의 생각보다 그 다른 느낌을 너무나 잘 이해한다는 걸 보시고 놀랄 거라고 확신합니다. 어떤 재료는 더 힘을 주어 그리고, 다른 재

〈수인 그림 7〉 14개월

료는 약하게 그리고 어떤 재료는 누르듯 뭉개지게 그리고, 어떤 재료는 가는 선으로 표현하게 될 것입니다. 아이가 하나의 단어를 소리 내어 말할 때까지 수백 번의 연습이 필요한 것과 마찬가지로 단번에 아니 몇 번에 시도로 아이가 어떤 그림도구를 익숙히 사용하기란 쉽지 않을 것입니다. 하지만, 여러 번 반복적인 시도를 하다보면 처럼 이제 꽤 사인펜에 익숙해진 느낌이 느껴지지요. **여러 번 반복**하여 도구를 쥐여 주시고, 오랜 시간 기다려 주시고, 계속해서 칭찬해주시고, 지속적으로 도와주셔야 합니다.

Tip

이렇게 많은 재료를 다 어떻게 구입할까 걱정된다면, 일단 다양한 색깔이 구비되어 있는 크레파스 세트보다는 다른 종류와 상표의 크레파스와 색연필을 몇 가지 색, 즉 한 가지 재료 안에서 가장 간단한 것으로 낱개 구입하는 것이 도움이 됩니다. 낱개의 여러 재료가 더욱 다양한 언어를 갖습니다.

낙서화는 무슨
의미일까요

1

나 화났어요, 나 행복해요

아이들이 처음으로 흔적과도 같은 드로잉을 시작하여, 형상을 알아볼 수 없는 낙서 같은 그림을 그리는 시기를 전문용어로 난화기, 혹은 감각운동기라고 부릅니다. 영어로도 우리말로도 몇 가지 다른 표현이 있습니다만, 수인 엄마는 **감각운동기**, 영어로는 Sensory－Motor라는 용어를 선호합니다. 왜냐하면 감각운동기를 풀어서 해석해 보자면 감각을 운동력으로 표현한다는 것을 정의하는 말로 신체적 움직임을 감각적으로 인식한다는 의미가 들어 있기 때문입니다. <수인 그림 8>을 보세요. 돌 이전에 흔적과 같았던 만 1세가 되고 걷기 시작하면서 기거나 붙잡고 걷는 것을 도왔던 손과 팔이 자유로워지면서 낙서에서 팔의 움직임이 드러나는 선들로 변하는 것이 보이지요. 손

〈수인 그림 8〉 14개월

이나 팔의 동작이 어떤 흔적으로 나타나는지를 이해하는 것은 **아이가 자신의 신체발달을 눈으로 확인하는 것이며, 시각적 이해력과 손의 움직임을 연결 짓는 과정**입니다. 쉽게 말해, 손의 감각과 눈의 시각적 표현력이 결합되는 것을 알게 되는 것입니다.

이 시기 아이들의 낙서화는 어른의 낙서화와 몹시 다른데요, 글씨를 쓸 수 있게 된 이후의 아이들이나 어른의 낙서는 특별한 의미를 지니지 않을 수도 있지요. 그저 재미 삼아 펜의 느낌을 즐기려는 그저 별 뜻 없는 행동일 수 있습니다. 하지만 **글씨를 쓰기 이전의 아동의 낙서화는 자신의 감정과 성격을 표현하는 중요한 수단입니다. 어떤 미술교육자들은 문자를 해독하기 전의 아이들의 그림은 모두 어떤 의미를 담고 있다고 합니다.** 미술치료자들 중에는 난화기가 지난 아이나 어른이 난화를 지속적으로 그린다면 심한 억눌린 감정이 있어 이를 표현하고자 한다고 말할 정도입니다. 이 시기 아이들이 드로잉을 하는 모습을 자세히 관찰하면 그저 마구 하는 것이 아니라 굉장히 집중하는 모습을 보여 주기도 하고 또한 얼굴 표정을 살펴보면 자신의 내면에 있는 감정을 표현하는 경우가 많습니다. 이 시기 낙서화를 할 때 드로잉을 위한 아이의 손과 몸의 움직임은

〈수인 그림 9〉 19개월

종이에 자신의 기쁨, 안정, 재미 등 좋은 감정뿐 아니라 걱정, 두려움, 불확실성 등 부정적인 여러 감정을 종이에 옮기는 행위인 것입니다. 수인이의 얼굴은 <수인 그림 9>를 그리면서 혼자 씩 웃기도 하고 조금은 시무룩한 표정으로 변하기도 합니다. 사실은 조금 복잡한 속내를 드러내는 것 같습니다. 아이의 하나의 그림 안에 한순간의 폭발적인 감정이 드러날 수도 있고, 자꾸만 변해 가는 복잡한 심정이 드러날 수도 있습니다.

그림을 통해 아이의 감정과 속내를 읽어 보세요. 어떻게 읽을 수 있냐고요? 그림 그리는 동안 아이의 표정을 지켜보시고, 색과 선을 보면서, 뭔가 느낌이 있다면 아이에게 자꾸 물어봐 주세요. 이 그림은 무엇인지 묻고, 엄마 아빠는 이 그림이 얼마나 어떻게 좋은지를 말해주세요. 왜냐하면 아이들의 그림은 속내를 표현하려는 것을 넘어서 다른 사람과 대화를 원하는 것입니다. 자신의 감정과 마음을 알리고 대화하려는 시도이기 때문입니다. 그림을 통해 아이가 말하고 싶은 것을 지속적으로 묻고 대화해주세요. 아직 말하지 못하는 아이지만, 아이의 그림을 통한 표현에 답해주세요. 옹알이에 대답해주듯이 말입니다.

이 시기 아이들의 그림이 감정을 담고 있다는 것을 파악하지 못하는 이유는 아이들은 한 그림을 그릴 때 한 가지 감정을 가지고 있지 않기 때문입니다. 그림 하나만을 통해서도 아이의 감정과 그 표현은 계속 변해 갑니다. 그렇기 때문에 그것을 읽어내기란 쉽지 않지요. 하지만 **아이의 그림이 자신과 가까운 사람들과 대화하려는 시도라는 것만을 잊지 않는다면**, 그림을 통한 시각적 표현의 의미를 간과하지는 않을 것입니다.

2

동글동글

아이들의 낙서화인 스크리블이 거의 흔적과 같은 선의 모양을 나타내다가 갑자기 **원형**이 되는 것을 발견하실 것입니다. 즉, 원을 그리는 듯한 동작을 발견할 것입니다. <수인 그림 10>과 같은 느낌이지요. 아이들의 낙서화에서 많이 보이는 형태이고, 어른의 낙서에서도 낙서라는 단어를 생각하면 가장 먼저 떠오르는 시각적 형태이지요. 대부분 두 살 이전에 나타납니다. 우리에게는 너무나 익숙하기 때문에 원형 낙서의 의미를 간과하기 쉽습니다. 하지만 아이들에게 **원형의 낙서는 자신의 팔 운동력이 시각적으로 변화되는 것을 발견하는 놀라운 순간입**니다. 따라서 팔의 움직임을 만들어내는 대근육과 미술도구를 잡고 있는 손의 소근육의 합체가 이루어내는 운동능력을 시각

⟨수인 그림 10⟩ 11개월

〈수인 그림 11〉 11개월

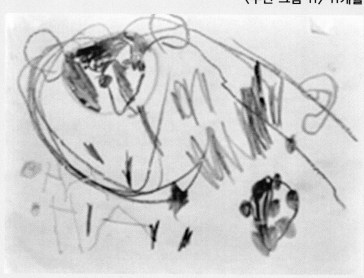

〈수인 그림 12〉 15개월

적으로 확인하게 되는 것입니다. <수인 그림 11>을 보시면, 운동능력의 발달과 확연한 속도감이 느껴지실 것입니다. 단순하기도 하고, 당연히 언젠가는 하는 이러한 낙서를 아른하임이라는 아동미술교육심리학자는 **동글한 형태의 낙서화는 아이가 세상과 우주를 이해하는 첫 시도**라고 했을 정도입니다.

동글동글 낙서를 발견하시면, 일단 많이 칭찬해주십시오. 아이가 만들어낸 작품을 존중하시고, 격려하시고, 발전했다는 것을 말로 표현해주십시오. 잊지 마시길 바랍니다. 아이가 처음으로 뒤집기에 성공한 순간이나, 기저귀가 젖었음을 표현한 것 이상의 신체적·시각적 발전이라는 것입니다.

이러한 동글동글 낙서는 이후에 여러 다양한 크기의 원형과 직선과 원형이 섞인 형태가 계속될 것입니다. 그러다 어느 날, 대부분 2살에서 3살 사이에, 동글 형태가 시작과 끝 지점이 완전히 연결된 온전한 원을 그릴 수 있게 될 것입니다. **완전한 원은 아이가 자신의 손의 움직임을 완전히 통제할 수 있게 되었다**는 의미입니다. 그림을 그리는 능력, 글씨를 쓸 수 있는 **인지능력과 손의 소근육이 연결되었다는 발전의 단계**를 보여 주는 아이의 큰 성취입니다. <수인 그림 12>와 같은 형태인데요, 아이들은 이 동그라미 하나를 온전히 완성할 때까지 무수히 많은 연습을 통해 이뤄냅니다. 엄마라고 소리 내어 말하는 것만큼이나 말입니다. 원형의 중요성은 절대 간과할 수 없는데요, 일단 원형은 인간이 무의식적으로 알고 있는 가장 단순한 형태라고 합니다. 그래서 어른도 무언가 알 수 없는 어떤 것을 가리킬 때 원형을 사용합니다. 어른이 강의를 할 때나 회의를 할 때 무의식적으로 자신이 가리키는 것을 대부분 원형으로 표시하는 원리입니다. 그래서 아이가 일단 온전한 원형을 그릴 수 있게 되면, 이제 낙서화가 아닌 형상을 그릴 수 있는 준비가 온전히 된 것입니다. 정말 완전한 화가로서의 시작이지요.

3

핸드페인팅

아이의 감정을 적극적으로 표현하게 하는 미술놀이를 소개할까 합니다. 쉽게 말해 아이에게 미술로 하는 놀이 중 반드시 빠질 수 없는 놀이방법 중 하나입니다.

아이가 이유식을 먹다가 죽이나 요구르트 같은 것으로 식탁이나 바닥에 마구 바르는 때가 있지요. 바닥이나 식탁을 그 정도로 만들 정도가 되면 아이 얼굴, 몸, 머리까지 음식으로 발라버린 적이 한 번도 없는 아이는 별로 없을 것입니다. 이러한 행동은 그저 장난이나 재미, 혹은 먹기는 싫고 놀고 싶어서라는 정도를 넘어서 신체적 욕구를 나타냅니다. 이러한 욕구가 강해지는 시기에 미술적으로 핸드페인팅은 매우 중요합니다. 손바닥 전체로 발바닥 전체로 **그림을 그리면서 자신의 신체를 이용**

〈이미지 13, 14〉

하고, 재미를 주고, 표현할 수 있는 욕구를 분출하도록 하는
것입니다(<이미지 13>).

일단 재료가 아주 중요합니다.

● **핸드페인팅용 물감** <이미지 14>

보통 물감보다 묽어서 손바닥에 쉽게 묻고 양에 비해 저렴하
기도 합니다. 중요한 것은 신체에 닿는 것에 안전하도록 무독
성이라는 것입니다. 아직 모든 것을 입으로 가져가는 아이들이
먹을까 걱정되신다면 색이 진한 요구르트나 토마토케첩, 마요
네즈 등을 사용하셔도 좋습니다. 하지만 점차로 핸드페인팅용
물감을 권장합니다.

● **커다란 종이**

아이가 그 위에 올라가 굴러도 될 만큼 넓은 종이를 준비해
주십시오. 비싸지 않은 롤 모양의 흰 종이가 좋습니다. 누렇지
만 값싸고 질긴 소포지도 좋습니다.

〈이미지 15, 16〉

● **물감을 색별로 짜놓을 그릇** <이미지 15>

야채가 포장된 일회용 플라스틱 그릇을 씻어 놓았다 쓰시면 아주 적당합니다. 쉽게 버려도 되고, 재활용이라는 면에서도 바람직하답니다. 종이나 플라스틱으로 된 1회용 접시도 좋습니다.

[방법] <이미지 16>

일단 시작은 물감을 이용하여 손바닥 전체로 찍기로 시작하는 것이 일반적일 것 같습니다. 양손에 다른 색깔을 묻혀 주는 것이 더 재미있을 수 있습니다. 우선은 손바닥을 찍는 행위를 즐겁게 하도록 도와주세요. 엄마나 아빠도 함께 찍어 주세요. 어른들에게도 재미난 행동이랍니다.

손바닥으로 여러 번 찍고 나면 손가락을 이용하여 여러 가지를 그릴 수 있습니다. 수인 엄마는 수인이가 어렸을 때 쨱쨱이 발자국을 주로 많이 그렸습니다. 단순하면서도 모양이 쉽게 나타나는 것이며, 또한 발자국이 가는 모양을 만드므로 걸어가는 새의 모습을 상상할 수 있도록 자극합니다. 그 이후 자동차나 기찻길 등 기다란 길 모양도 쉽게 움직임을 상상하게 하는 모양이 될 것입니다(<이미지 17>).

〈이미지 17〉

〈이미지 18〉

좀 더 발전이 되면 여러 가지 도구, 장난감 등을 이용할 수 있고, 또 발까지 씻어야 하는 번거로움이 있을 수도 있으나 발 찍기 놀이도 아주 재미있습니다. 발을 찍을 때는 미끄러워 넘어질 우려가 있으므로 옆에서 꼭 손을 잡아주어야 합니다(<이미지 18>).

핸드페인팅은 10개월 정도의 아이부터 가능하다고 생각됩니다만, 돌 이후의 시기부터가 본격적이지 않을까 하며, 18개월 이후 2세 초반까지 언어발달과 함께 **인지력 발달, 소근육 발달 시기**에 가장 효과적입니다. 크레용 등으로 그리는 그림이 구체적 형상을 띠기 시작하는 3~4세부터는 대부분 아이들이 조금씩 흥미를 잃어갈 것입니다.

한 번 더 강조하자면, 핸드페인팅은 무엇을 어떻게 그리느냐보다 **손바닥, 발바닥 등을 사용하여 온 몸을 이용하는 행위 자체에 그 학습효과**가 있습니다. <이미지 19>, <이미지 20>, <이미지 21>을 보세요. 재밌게 하도록 몸이나 옷이 조금 더러워지는 것에 덜 신경 쓰시면 좋을 것 같습니다. 대부분의 핸드페인팅용 물감은 옷에 묻어도 물빨래를 통해 쉽게 지워지니 물감이 튀는 것 등에 대해 제재하지 말고 즐거움을 함께 공유한다면

〈이미지 19〉

〈이미지 20〉

〈이미지 21〉

부모와 함께 그림 그리는 즐거움을 느끼게 해줄 것입니다. 이 즐거움은 양육자와의 관계를 돌봐주고 돌봄을 받는 관계에서 **함께 무언가를 탐구해 나가는 동반자적 관계**로 바꿔 나가는 데 도움이 될 것입니다.

4

스스로 그림 그리게 하자

핸드페인팅이라는 것이 참 즐거운 놀이이자 미술활동이지만, 모든 아이들에게 그런 것은 아닙니다. 특히 아이들 중에는 손에 무언가 묻는 것에 대해 좋아하지 않는 아이들도 있고 그런 아이들은 미끈거리는 물감을 손에 묻히는 것이 그다지 즐거운 일이 아닐 수도 있습니다. 손에 무언가 묻히는 것에 대해 두려움이 있는 센서리 이슈를 가지고 있는 아이들에게 핸드페인팅은 그다지 도전하고 싶은 영역이 아닐 수도 있습니다. 조금은 조심스러운 이야기입니다만, 발달장애의 스펙트럼을 보이는 아이들 중에는 센서리 이슈가 있어 모래사장에 발을 대지 못한다거나, 어떤 바닥에서는 잘 걷지도 못하고, 까치발을 들고 걷는 것을 흔하게 볼 수 있습니다. 발달장애 전문가는 아니라 발달장애 아이의 미술치료법을 자세히 소개할 수는 없습니다만, 발달장애의 징조를 보이는 아이들에게 핸드페인팅 놀이는 더더욱 중요합니다. 손을 많이 움직이고 손바닥을 자극하는 것은 뇌의 신경을 자극하고, 놀이욕구를 충족시키기 때문입니다.

또한 발달장애와 전혀 상관없는, 발달에 어려움을 겪지 않는 아이들도 단순히 물감이나 그림 그리는 도구를 '더럽다'라고 인식하고 꺼려하는 경우가 있습니다. 음식이나 다른 물질을 만져 손이 더러워지는 것에 민감하거나 혹은 다른 어른에게 지적당한 경험이 많은 아이들인 경우도 있습니다. 깔끔한 부모를 둔 경우에도 그렇습니다. 하지만 이렇게 손에 물감 묻히기를 꺼려하는 아이들에게 오히려 핸드페인팅의 즐거움을 알아 가는 것은 중요합니다. 왜냐하면 **손바닥으로 느끼는 감각적 체험은 다른 어떤 체험으로도 대체되지 못하기 때문에** 그림을 통해 손감각 기관을 쓸 수 있도록 도와주는 것은 이런 꺼림을 극복하는 데 도움이 되기 때문입니다.

이렇게 더러워지는 것 때문에 핸드페인팅을 꺼리는 아이들에게는 어떤 도구로 핸드페인팅을 시작하도록 유도해주세요. 수인 엄마가 말하는 도구에는 아이들이 **좋아하는 장난감이 있**

〈수인 그림 22〉 28개월

을 수 있고요, 무엇이든 손으로 잡는 것을 꺼리지 않는 물건을 말합니다. 아주 쉬운 도구 중 하나는 장난감 자동차나 기차랍니다. 또한 핸드페인팅용 물감이 손에 묻는 것을 꺼리지 않는 아이들도 이렇게 자기가 좋아하는 장난감을 이용해 그림을 그리는 것은 그림을 그리는 수단에 대한 새로운 발견입니다.

이러한 경험은 어떤 사물을 새롭게 보는 문이 됩니다. 창의성을 이해하는 정의 중 하나인 무언가는 새롭게 보는 눈을 보여 주는 상황 중 하나이지요. <수인 그림 22>는 기차모양 장난감 바퀴로 그린 그림입니다. 그림에는 보이지 않지만 수인이의 흥미로워하는 얼굴이 보이지요. 수인이의 기찻길 그림은 공간활용을 오른쪽 아래에 집중하도록 만드는 것 같습니다. 기찻길이 놓여 있는 것에 대한 자연스러운 지각입니다.

한 친구의 아들은 만들기나 크레용으로 그림 그리는 것은 좋아하나 핸드페인팅은 무척이나 꺼리는 아이였습니다. 그 당시 4살인 그 남자아이에게는 그 나이에 가장 관심인 기차를 주고 기찻길 만들기 놀이를 하였습니다. 기차로 기차가 지나가는 길을 핸드페인팅 물감으로 넓은 소포지에 그리기 시작했습니다. 그 기찻길 놀이는 손으로 물감 찍기를 지나 발로 그리기까지

〈수인 그림 23〉 30개월

〈수인 그림 24〉 28개월

발전, 두꺼운 소포지가 찢어질 때까지 계속되었고, 정말 1시간 이상 계속 되었답니다. <수인 그림 23>은 그 아이와 수인이가 함께한 발바닥 그림입니다. 놀라운 사실은 그 아이는 그 경험 이후에 물감이 손에 닿아 더러워지는 것에 대한 두려움도 없어졌다고 합니다.

또 다른 도구로는 일반적인 그림도구가 아닌 아이스크림 막대기, 빨대 등 아이의 생활에서 늘 접하는 물건이 있습니다. 아이들 중에는 빨대를 좋아하는 아이들도 있고, 막대기나 실, 철사 등 미술도구가 아닌 다른 것들이 만들어내는 효과에 관심을 갖는 아이들이 있을 것입니다. <수인 그림 24>는 아이스크림 막대기와 빨대 등을 이용하여 불기와 섞기를 한 그림입니다. 너무 열중한 나머지 결과작품은 물감색인 동색으로 완전히 덮인 그림이 되었지만, 수인이가 그림의 전체 과정을 즐겼다는 것은 수인이의 집중시간만 보아도 알 수 있습니다. 불고 찍어 그리기 시작한 그림이 한 가지 색으로 완전히 덮일 정도까지 계속되었다면 그 시간을 짐작하실 수 있겠지요. 좋아하는 것으로 핸드페인팅을 함께해주신다면 더러워짐, 그림을 잘 그려야 한다는 부담에서 벗어나 즐거운 놀이가 될 수 있을 것입니다.

5

플레이도우를 만들어 봅시다

핸드페인팅이 표현 욕구를 채워주는 것뿐 아니라 손을 많이 사용하여 아이들의 두뇌 인지력을 발달시켜 주는 것처럼, 찰흙이나 밀가루 반죽을 계속 만지고 무언가 만드는 것이 두뇌발달에 큰 도움이 된다는 것은 대부분의 부모님이 들어 보셨을 것입니다. 특히 3세 이전의 아이들은 어떤 형상을 가진 찰흙작품을 만들어내지 않더라도, **밀가루 반죽을 조물조물 만지는 행위만으로 손바닥의 여러 신경을 자극하며, 손의 움직임으로 다양한 굵기와 모양의 반죽을 만들어내는 것 자체가 큰 공부랍니다.**

흔하게 사용하는 재료로는 찰흙이 있고, 밀가루 반죽의 일종인 플레이도우라고 하는 것이 있습니다. 시판용으로는 플레이도우의 일종인 '아이클레이'나 '천사점토'는 보통의 밀가루 반죽에 약품을 첨가하고 발전시켜 굳는 속도를 늦추고 손에 달라붙지 않게 하여 무언가 만드는 데 용의하게 만든 재료입니다. 하지만 시판용 점토에는 화학성분이 많이 포함되어 있지요. 그리고 무엇보다 만지는 질감이 아주 제한적이며 플라스틱 같은 느낌이 납니다.

밀가루 반죽인 플레이도우를 집에서 만들 수 있답니다. 일반적으로 요리에 쓰는 밀가루 반죽과 비슷한 재료지만, 그 외에 유분이 있는 기름과 같은 재료와 많은 양의 소금이 들어가 만지고 놀기에 용이하도록 만드는 것입니다. 플레이도우를 만드는 방법은 수백 가지가 될 만큼 다양합니다만, 일단은 먹을 수 있는 것과 먹을 수 없는 것이 있고, 어떤 종류의 유분이 들어가는지에 따라 느낌이 좀 달라집니다. 식용유를 비롯하여 기름의 형태가 들어가기도 하고, 먹을 수 있는 것 중에는 버터나 땅콩버터가 들어가기도 합니다. 그중 수인이와 수인 엄마가 가장 좋아하는 것은 타르타르크림 혹은 베이킹소다, 식용유를 넣어 만드는 것입니다. 또한 가장 많이 애용되는 방법이기도 하지요.

〈이미지 25〉

〈이미지 26, 27〉

● 플레이도우 만들기

재료 <이미지 25>
▶ 하얀 밀가루 1컵
▶ 소금 1/2컵
▶ 타르타르크림 2티스푼(베이킹소다로 대체 가능 2테이블스푼)
▶ 식용유 1티스푼(베이킹소다를 이용한다면 티스푼이 아닌 테이블스푼 1)
▶ 물 1컵
▶ 식용색소

조리법

① 믹싱 볼에 모든 재료를 넣어 색과 질감이 좋아질 때까지 잘 섞어 줍니다. 밀가루와 물은 각각 1컵이지만, 밀가루는 조금 넉넉히 1컵, 물은 약간 모자라는 듯한 1컵이 비율에 더 맞는 것 같습니다(<이미지 26>, <이미지 27>).

② 지짐판에 넣어 약불에 잘 익혀 줍니다. 뒤집고 섞어 가며 잘 익혀줍니다(<이미지 28>).

〈이미지 28, 29〉

③ 팬에 꺼내 식혀 준 후, 잘 치대어 줍니다(<이미지 29>).

※ 보관은 밀폐용기나 플라스틱 비닐에 해주세요.

식용색소를 넣으면 다양한 색깔을 만들어낼 수 있고요, 먹지 않는다는 전제하에 그러니까 3세 이상 정도라면 보통 물감을 섞어도 무방합니다.

이렇게 만들어진 플레이도우는 일단 시판용보다 훨씬 말랑말랑하고 부드러워 손으로 잡는 느낌이 훨씬 좋습니다. 느낌도 좋지만 화학성분이 아닌 자연성분만으로 되어 인체에 해롭지 않지요. 나이가 어린 아이들일수록 이렇게 집에서 만든 플레이도우는 인체에 안전합니다. 또한 무엇보다도 **보육자와 함께 플레이도우를 만들면, 자신이 만든 재료에 대한 스스로의 자부심이 자연스레 아이들에게 학습동기**를 만들어내고, 따라서 아이들의 관심과 흥미는 비교할 수 없게 커지게 됩니다. 그냥 만지고 노는 것만으로 즐거워하는 수인이의 얼굴을 보십시오(<이미지 30>).

다양한 음식이나 모양으로 만들며 놀아주세요. 어린아이의 경우 주무르며 노는 것이 더 위주가 될 것입니다. 이 경우 어떤 덩어리가 어떤 덩어리보다 더 큰 것과 같은 크기 비례를 함께 학습

〈이미지 30〉

〈이미지 31, 32〉

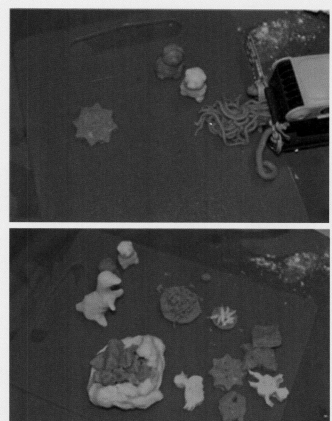

시켜 주세요. 3세 이후 정도의 아이들은 구체적으로 어떤 형상을 만들어 주세요. 플레이도우용 플라스틱 모형 만들기 도구도 도움이 되고요, 또 쿠키 만들 때 쓰는 것 같은 모양 틀도 좋은 미술도구가 될 것입니다(<이미지 31>, <이미지 32>).

집에서 만들 플레이도우의 또 하나의 장점은, 시판용보다 굳는 속도가 훨씬 느려서 오랫동안 쓸 수 있지요. 지퍼백이나 플라스틱 통에 넣어 두고 사용하시면 됩니다. 다만 하나의 단점은 손에 유분기가 묻어 난다는 것입니다. 그래서 플레이도우 놀이 후 손이 조금 미끄러워질 수 있습니다.

03

엄마 아빠, 이거 엄마예요,
아빠예요

1

이거 아빠예요

　낙서화가 라인을 그리는 것을 지나 원형을 그리는 것이 자연스러워지면, 어느 날 갑자기 아이가 "이거 엄마예요", "이 그림, 아빠 그린 거예요" 등 자기가 그린 그림이 무엇인지 설명하게 됩니다. 전문적으로 **이름을 붙인다 하여** '네이밍(naming)'이라고 부릅니다. 언어발달이 한 단어 수준일 때 나타나는 경우가 많으므로 (손가락으로 그림을 가리키며) "아빠, 아빠", "수인이, 수인이"처럼 단어로 네이밍을 말하지요. 대다수의 아이들은 엄마나 아빠 등 자기와 가까운 사람이나 '멍멍이', '야옹이' 등 자신이 좋아하는 동물이나 장난감 인형의 이름 등인 경우가 많습니다.

　이 시기는 언어발달이 이루어지는 초기인 2세 조금 이전에 나타납니다만, 훨씬 이전인 18개월 혹은 3세 이후에 나타나기도 합

〈수인 그림 33〉 20개월

니다. 조금 늦는다고 걱정할 필요는 없습니다만, 구체적 형상이 드러나는 그림을 그리기 이전에 대부분 일어납니다. <수인 그림 33>은 수인이가 20개월쯤에 그린 아빠입니다. 언어발달은 간단한 문장 정도로만 말할 때 그린 것인데, "아빠, 아빠(랑) 수인이(랑) 비치(바닷가) (갔었어요)"라고 자신이 그린 그림을 설명했습니다. 설명할 것만 빼고 그림만으로는 그 전까지 그리던 낙서화와 다른 것이 하나도 없습니다.

그림에 변화가 하나도 없는데, 아이가 이렇게 "무엇을 그린 것이다"라고 하는 게 중요한 이유는 무엇일까요? 네이밍의 행위는 아이의 그림이 아이 **자신에게 무엇을 표현한 것이라는 인지적 발달을 보여 주는 것**이기 때문입니다. 또한 자신에게 중요한 사람이 누구인지, 자신의 관심은 무엇인지를 나타내는 중요한 단서이기도 합니다. 자신의 드로잉이 자신의 본격적 언어가 되는 순간이자 자신을 표현하는 본격적 수단이 되는 것입니다.

또한 이후 아이의 그림은 무척 다양해질 것이고 자신이 표현하고 싶은 것에 대해 적극적이 될 것이라는 암시입니다. <수인 그림 34>를 보세요. 산을 표현한 것입니다. 전보다 더 자신감이 늘어난 모습이 그림에서도 보이십니까?

〈수인 그림 34〉 36개월

이때 부모가 주의해야 할 점이 몇 가지 있습니다. 네이밍의 시기는 무척이나 다른데, 이는 **보육자가 얼마나 그 아이의 그림에 관심을 표현하고 그림에 관하여 물어봐 주는지에 따라 결정**됩니다. 또한 처음 네이밍을 한 이후 보육자가 얼마나 지속적으로 그림에 관심을 가지고 물어 보고 들어 주느냐에 의해 그 네이밍이 발전하게 됩니다. 여러 다양한 제목으로 발전하고 나아가 스토리가 되는지의 발전은 엄마 아빠의 관심과 대화가 결정적 역할을 합니다. 이 스토리는 자신의 관심이 무엇인지 자신이 부모나 보육자에게 느끼는 구체적 애정, 숨겨진 욕구까지 보여 줍니다. 그림의 스토리를 통해서 아이의 모르던 부분을 알게 된다는 것입니다. 특히 정서적 욕구나 불만까지 알 수 있습니다.

하지만 아이가 그린 그림의 스토리는 한결같지 않습니다. 아이가 하나의 그림에서 한 가지를 표현하는 게 아니라, 한 그림이 엄마도 됐다가 아빠도 됐다가 코끼리가 될 수도 있습니다. 그렇게 **그림의 제목이 변하는 것을 자연스레 받아들이고, 감격하는 모습**을 보여 주세요. 앞서 낙서화가 중요한 이유를 설명할 때 아이들의 낙서를 어른이 이해하지 못하는 이유 중 하나

〈수인 그림 35〉 27개월

가 아이는 하나의 그림 안에서 한 가지를 표현하는 것이 아니라 많은 다른 것을 표현하기 때문이라고 설명한 것을 기억하십니까? 아직도 똑같답니다. 아이들의 표현력은 무궁무진하나 연속성을 갖지는 않습니다. **하나의 그림 안에서 많은 것이 표현되기 때문에 하나의 그림은 하나의 메시지를 가진다고 생각하는 어른의 관점과 다르지요.** 아이의 그림은 생각의 흐름을 계속 반영하는데 어른은 하나의 주제나 소재만을 생각하니 아이의 그림을 이해하기 힘든 것입니다. 그러므로 아이의 그림 하나를 어른의 그림 여러 개가 포개져 있다고 생각하시고 바라보는 것이 중요하답니다.

그러다가 점차 사람형상, 특히 사람의 얼굴이나 집, 동물 등과 닮은 그림의 모습이 나타나게 될 것입니다. <수인 그림 35>는 수인이가 계단이라 네이밍한 그림입니다. 자세히 보시면 계단모양이 바로 보이지는 않지만, 계단의 느낌이 느껴지기 시작하지요. 사물의 특징에 대한 표현이 어느 정도 발달했음을 보여 주는 것이지요. 하지만 이때 어른 눈으로 어떤 것과 닮아 있다고 하여, **어른의 눈으로 '이게 뭐 그린 거지'라고 짐작해 말하지 마십시오.** 아이가 무엇을 그린 것이라고 설명해줄 때까지

기다리십시오. 어른의 짐작은 종종 틀릴 수 있습니다. 아니, 아이들의 의도를 쉽게 짐작하지 못할 수도 있습니다. 잘못된 어른의 짐작은 아이를 실망시킬 수 있고, 좌절하게 만들지도 모릅니다.

2

수인이만의 낙서화

아이들의 낙서화 시기는 네이밍 이후에도 꽤 오래 지속됩니다. 간단한 마크 같은 형태가 둥근 원형을 그리게 된 이후에는 다양한 모양, 굵기, 여러 색 등으로 표현이 될 것입니다. 그리고 대략 3세가 넘어가면서 원형이 주를 이루던 낙서화에 사각형, 삼각형 등 각진 모양이 나타나기 시작합니다. 각각의 그림의 차이가 심한 아이들이 있고, 매번 꽤 비슷한 그림을 그려내는 아이들도 있습니다.

혹시 이러한 시기에 있는 내 아이의 그림을 알아보십니까? **특별한 형상이 없는 낙서화에서도 각각 아이의 개성이** 명확히 들어납니다. <수인 그림 36>을 보시면 동글동글한 형태와 핑크와 금색 등의 조화 그리고 조금은 두꺼운 질감이 수인이의 그

〈수인 그림 36〉 38개월

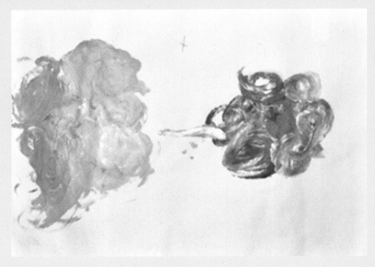

림임을 알 수 있지요. 수인 엄마와 수인 아빠는 수인이 유치원에 가서 수인이 그림을 잘 알아보는데요, 알아볼 수 있는 방법을 조금 소개할게요.

첫째는 **색의 사용**입니다. 이는 나이에 따라 계속 변화하지요. 많은 여자아이들이 핑크를 선호하는 시기, 그리고 보라색을 선호하는 시기를 거치고, 남자아이들은 조금 다양하긴 하지만 파랑을 선호하고 조금 커서 검정을 선호하는 시기가 있습니다. 아이가 현재 좋아하는 색, 그리고 더 나아가 그 **색의 조합**을 보면 내 아이의 그림임을 알아보는 것이 가능합니다. 즉, 우리 아이가 무슨 색을 좋아하는지 한 가지 색을 넘어 이 색과 저 색을 좋아한다는 **2가지 색 이상이 조합되는 것**을 아시면 우리 아이 그림이 보입니다. 우리 아이는 이 색과 저 색을 좋아하고 거기에 무슨 색도 조금은 좋아합니다. 이 정도가 되면 조금 짐작이 가지요.

둘째로는 **붓이나 크레용의 움직임**으로 알 수 있습니다. 이것은 색의 구별보다 조금 어렵습니다. 왜냐하면 재료마다 조금 다른 사용법을 가지고 있기 때문입니다. 하지만 붓이나 크레용 등이 움직이는 방향을 보면, 같은 아이가 비슷한 패턴을 가지

긴 한답니다. 수인이는 동글동글을 많이 사용하고요, 넓은 면을 칠할 때 동그란 선을 확장함으로써 면을 만듭니다. 많은 아이들이 지그재그로 면을 만들지요. 그런 아이들의 그림은 수인이처럼 동그란 형태를 쓰는 아이들보다 넓은 면이 더 많아지곤 합니다.

셋째는 붓이나 사인펜 등을 **겹치는 방법**이 다릅니다. 가장 쉽게는 겹치는 것을 선호하는지 아닌지에 있습니다. 수인이는 겹치기를 많이 좋아하지는 않습니다. 선 위에 선이 많이 존재하는 그림을 그리기보다는 넓은 면을 고루 사용하지요. 하지만 겹치기를 좋아하여 한곳에 무언가가 집중된 화면을 구사하는 아이들도 많이 있답니다. 이렇게 세 가지를 염두하고 아이의 그림을 보면 우리 아이 그림의 개성이 보이고, 우리 아이 그림을 알아볼 수 있지요.

알슐러와 하트윅(Alschuler & Hattwick)의 4세 아동들의 그림에 관한 연구에 의하면, 한 아이 아이마다 낙서화에서 자기만의 색, 선, 모양, 공간의 사용 등을 가지고 있기 때문에 이러한 시각적 언어를 종합해보면 모든 아이들의 그림은 독특한 개성을 가지고 있다고 합니다. 마치 **유명화가의 작품처럼 각기 다**

른 시각적 언어를 가지고 있다는 것입니다.

　게다가 이들의 연구에 의하면 어떤 아이들은 명시적인 행동, 즉 언어나 놀이 등에서는 자신의 감정을 숨기기도 하는데, 이러한 아이들일수록 그림에서는 **자신의 솔직한 감정을 표현**한다고 합니다.

　수인이의 <수인 그림 37>에서 자신의 답답함을 표현하고 있습니다. 수인이는 대체로 밝고, 엄마 아빠에게 자신의 감정을 숨기는 아이가 아닙니다. 하지만 때때로 말하지 못하는 것이 있습니다. 이때 종종 아이들은 그림을 통해 자신의 감정을 말합니다. 이 시각적 언어를 존중하고 이해하고 알아봐주는 것은 그 아이의 감출 수도 있는 마음을 읽는 단서가 되는 것입니다. 내 아이를 진정으로 이해하고 다가가는 방법이 아닐까 합니다.

〈수인 그림 37〉 41개월

3

조형연습: 공간디자인

아이가 도화지의 면에 대해 고민하거나, 어떤 패턴을 선호한다는 것이 보일 때가 있을 것입니다. 정확히 무엇 때문인지는 몰라도 내 아이의 그림을 알아볼 것 같을 때, 콜라주 기법을 소개하여 연습시켜 주는 것이 도움이 많이 됩니다. 왜냐하면 각자 아이의 그림에서 보이는 개성은 색이나 선의 사용뿐 아니라 종이 전체의 공간 사용에 의해 많이 좌우되기 때문입니다. 아이에게 콜라주라는 것은 **공간을 디자인하는 구성, 즉 콤포지션이 무엇인지 소개시켜 주는 것**입니다. 구성연습은 아이의 **공간분할 감각, 비례에 대한 감각**을 키워주는 활동입니다. <수인 그림 38>을 보시면 수인이 나름대로 공간을 구성하는 연습이 어떤 조화를 이루고 있는지 잘 보실 수 있습니다.

〈수인 그림 38〉 2살 11개월

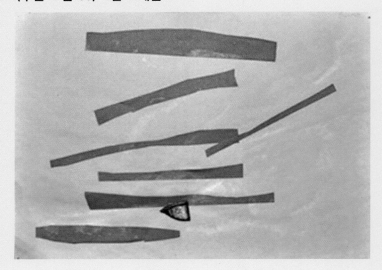

[방법]

여러 가지 모양의 색종이나 잡지나 신문의 일부분, 주변에 흔한 전단지의 일부분을 여러 다양한 크기와 모양으로 잘라주시고 풀과 함께 종이를 주고 함께 붙여 그림을 만들어 보세요. 말 그대로 종이모형을 어떻게 구성하는지 잘 살펴보아 주세요. 많은 아이들이 공간을 전체적으로 사용하지만, 어떤 아이들은 종이의 윗부분이나 아랫부분 혹은 왼쪽, 오른쪽, 한쪽을 선호하는 아이들도 있습니다. 종이 전체를 사용한다 하더라도 어느 한쪽에 자신이 좀 더 많은 종이를 붙이고 싶어 하기도 하고요. 이때 넌 왜 한쪽만 사용하느냐고 어른의 눈으로 아이의 공간 디자인을 방해하지 마세요. 그저 왜 그런지, 그것이 그 아이 눈에 더 예쁘게 보이는지 물어 보시고, 내 아이의 디자인 선호도를 읽어 보도록 노력하세요.

아이들의 구성에 관한 개성은 완성된 작품을 통해서도 보이지만, 모양과 색깔 그리고 질감이 다른 종이들을 어떤 순서로 구성하는지 보아도 알 수 있습니다. <수인 그림 39>는 작품의 중간과정입니다. <수인 그림 40>은 완성품이고요. 적어도 이 작품 안에서 수인이는 공간의 전체 모습을 먼저 파악하고, 구

〈수인 그림 39, 40〉 4살

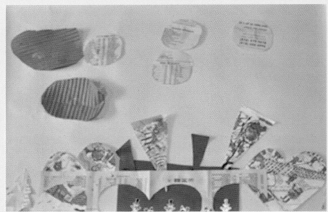

성을 먼저 만들어낸 후, 자세한 모습을 집어넣었습니다. 어떤 아이들은 조그만 것을 계속 붙여서 큰 면을 만드는 방법을 취하기도 합니다. 이러한 차이는 아이들의 공간지각에 대한 인지력의 차이를 보여 줍니다. 어떤 미술교육학자는 수인이 같은 아이를 시각형, 반대로 구성하는 아이를 촉각형이라 나누기도 했는데요, 수인이는 형태의 전체를 먼저 파악하는 것에 비해, 촉각형 아이는 부분을 먼저 보는 아이로 이런 아이에게는 손을 써서 무언가를 만지는 신체활동이 발달에 중요한 요소라고 말합니다. 콜라주의 전 과정은 내 아이가 시각형인지 촉각형인지와 함께 공간지각력을 파악할 중요한 기회랍니다.

〈수인 그림 41〉 3살 6개월

많은 보육시설에서 아이들의 그림을 벽에 붙여 전시합니다. 집에서도 아이의 그림을 벽에 붙여 주세요. 자신의 작품이 감상되고 있다고 뿌듯해할 것입니다. 보육시설에서 그림을 전시할 때 주로 아이들이 직접 그린 그림을 전시하는 경우가 많습니다만, 여기서처럼 콜라주를 붙여 보면, 내 아이의 디자인 구성과 다른 아이가 얼마나 어떻게 다른지 더욱 쉽게 보인답니다. 기회가 있을 때마다 여러 아이의 콜라주 작품을 함께 벽에 붙여 보세요.

콜라주 연습은 또한 아이의 수학 개념을 향상시키는 데도 도움이 된답니다. 왜냐하면 면 분할은 수학 도형의 개념을 잘 설명하기 때문입니다. 나눗셈의 시각화인 것이지요. 〈수인 그림 41〉을 보세요. 수인이는 이 콜라주에서 면을 균등하게 분할하는 연습을 하고 있습니다. 조금 다른 모양의 종이를 색깔 테이프를 통해 균등하게 나누었지요. 또 같은 넓이의 종이 3개를 나란히 붙여서 균등한 면을 표현했습니다. 수인이는 이렇게 같은 크기로 나누는 것을 시도한 시기가 있습니다. 3세 반 정도에 많이 시도했답니다. 이 시도는 면적과 나눗셈을 이해했다는 개념의 발전을 보여 주는 수학적 이해의 확장을 표현하는 것입니다. 이 시기 수인이는 콜라주뿐 아니라 종이에 사인펜이나 색연필로 줄긋기 연습을 많이 했습니다. 단순해 보이지만 같은 크기로 나누고, 6칸으로 7칸으로 자신이 원하는 숫자만큼 칸을 나누는 연습이었습니다. 종이를 자꾸만 나누고 그 위에 무언가를 쓰거나 그리지 않고 단순히 나누기만 하는 시기 그것이 "……를 몇 등분으로 분할하는 것"이라는 것을 계속 이야기해주십시오. 수학적 발달에 큰 도움이 될 것입니다.

4

스티커북 스텐실

    콜라주와 함께 3세 초반에 아이에게 소개시켜 주어야 하는 미술의 기본원리를 하나 말할까 합니다. 지금까지 아이는 여러 가지 드로잉과 회화의 기법, 조소의 기초방법 중 하나인 플레이도우를 경험해 보았을 것입니다. 바로 전 페이지에 소개해 드린 공간구성 디자인 연습을 위한 콜라주도 연습해 보았을 것입니다. 여러 가지 미술기법을 접해 보았으니, 이제 이보다 조금 더 복잡한 미술의 방법인 **판화의 기본원리**를 어떻게 아이에게 쉽게 이해시킬 수 있는지 소개할까 합니다.

    판화의 기본원리는 물감이 묻은 부분과 묻지 않은 부분이 나뉘는 판을 만들어, 그 판을 다른 종이에 찍는다는 것입니다. 제작된 판을 이용해 같은 그림을 여러 장 찍을 수 있는 게 그 큰

〈이미지 42〉

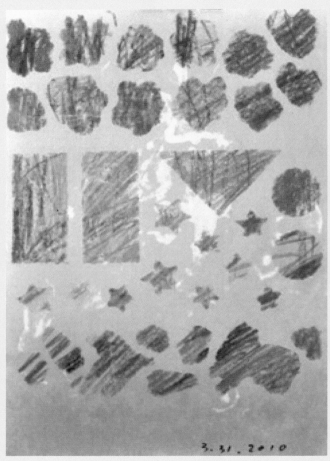

특징이지요. 그중 가장 단순한 판화인 **스텐실은 종이나 고무판 등을 오려내어 오려진 부분만 물감이 통과하게 되는 원리를 응용한 판화의 종류**입니다. 판의 '구멍' 부분을 통과하는 물감이나 잉크가 도안이 되므로, 판화 인쇄기법 중에서는 공판화로 분류됩니다. 옛날 학교 시험지 등에서 쓰이던 등사지의 원리도 이와 같습니다. 즉, 인쇄의 기본원리이기도 하지요.

공판화의 종류로 스텐실보다 조금 발전된 형태인 실크스크린(silk screening)은 판 재료에 실크가 사용되기 때문에 이렇게 불립니다. 원칙적으로 스텐실과 같은 원리로, 용제를 균일하게 바른 스크린에 도안된 부분을 열이나 약품에 녹여 '구멍'을 만듭니다. 그러면 잉크가 통과하는 부분과 통하지 않는 부분이 구분되기 때문에, 적당량의 잉크를 주걱(스퀴지)으로 찍는 것이지요.

실크스크린은 티셔츠에 많이 있는 프린트, 상표 등 우리 생활에 많이 응용됩니다. 스텐실의 기본원리를 연습해 보는 것은 구멍이 뚫린 부분과 막힌 부분이 다른 종이에 만들어내는 흔적이 미술기법 중 하나라는 것은 그림을 그려서만 되는 것이 아니라 여러 다양한 기법이 가능하다는 것과 실생활에 미술이 어떻게 응용되는지 공부할 기회일 것입니다.

〈이미지 43〉

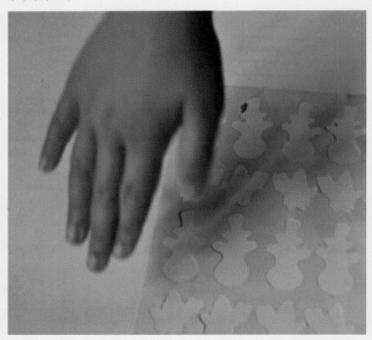

엄마 미술놀이 하자!

〈이미지 44〉

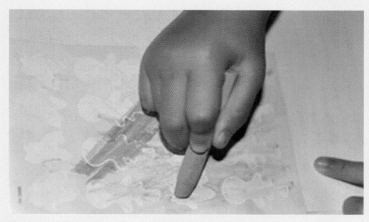

〈이미지 45〉

[방법]

2살에서 2살 반 무렵이면 시작하여 3살 정도에 아이들이 스티커북을 좋아하고 스티커놀이를 많이 할 것입니다. 대부분 스티커북은 스티커를 붙이는 활동을 하는 페이지들이 책 앞부분에 있고 책 뒷부분에 스티커만 있는 페이지들이 따로 있지요. 그 스티커만 있는 페이지에서 스티커를 붙이고 나면, **스티커를 제외한 나머지 부분만 남아 있는 구멍이 뚫린 것 같은 형태**가 되지요. 대부분의 경우 이 페이지는 다 써 버린 페이지이므로 버려지는 것 같습니다(<이미지 42, 43>).

이 페이지를 스티커를 쓰고 남은 나머지 부분을 떼어 다른 흰 종이에 붙여 주십시오. 흰 종이 위에 흰 구멍이 뚫린 부분이 있는 스티커 자투리 부분을 붙였으니 다 흰색이므로 밑바닥 종이와 스티커가 구별되어 보이지 않을 것입니다(<이미지 44>). 그 위에 여러 색의 크레용이나 색연필로 **종이 전면을 색칠**해주십시오. 힘주어 꼼꼼히 색칠해주세요. 어린아이는 어른이 도와주셔야 합니다. 종이 전면에 색이 골고루 잘 칠해졌다면, **스티커 부분을 조심스레 떼어**주십시오(<이미지 45>). 스티커를 떼고 나면 스티커가 있던 부분은 구멍이 뚫려 있으므로 그 부분만 종이에 색깔 블

〈이미지 46〉

〈수인 그림 47〉 34개월

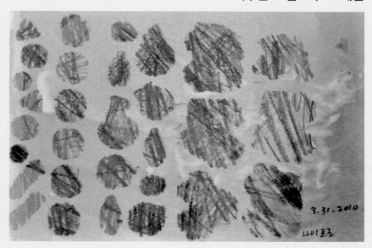

록과 같은 형태로 나타나게 됩니다. 스티커가 무슨 모양인지에 따라 다르지만, 윤곽만으로 무슨 모양 스티커였는지 짐작이 갈 만큼 확실한 것도 있고, 그냥 색깔 모양으로 보일 수도 있습니다. 하지만 스티커 부분만 크레용이 통과해서 색이 나타났지요. 스텐실의 원리랍니다(<이미지 46>).

Tip

활동하는 동안 아이에게 **어떤 과정을 거치고 있는지 잘 설명해주세요.**
구멍이 뚫린 부분만 종이에 나타날 것이라는 원리에 대해 설명해주십시오. 하지만 너무나 자세한 결과에 대해 설명하기보다는 어떻게 나타날지 **예상하고 기대**하도록 도와주십시오.
3~5세 시기에 다양한 미술기법을 연습하게 하는 것은 시각적 감성을 풍부하게 발전시키는 데 도움이 되고, 더 나아가 시각적 문해력의 기초 언어 발달에 큰 도움이 될 것입니다.
〈수인 그림 47〉은 이러한 스티커북 스텐실의 결과만 남은 작품입니다. 이렇게 남은 부분이 "**구멍이 뚫린 부분만 크레파스가 칠해져서 남은 것**"이라는 것을 설명해주십시오. 또한 버려지는 스티커를 쓰고 남은 것들도 우리가 얼마든지 재미있게 그림놀이를 할 재료가 된다는 것도 설명해주세요.

엄마,
물감놀이 할래요

1

그림 그리는 즐거움, 그림을 통해 대화를 나누세요

수인 엄마: 수인아, 우리 그림 그릴까? 크레용으로 그림 그릴까? 아니 수인이가 좋아하는 물감으로 그릴까? 네모 종이에 그릴까? 다른 모양 종이가 필요해?

수인: 아니요. 싫어요. 싫어요. 그림은 안 그릴래요. 수인이는 물감놀이 하고 싶어요.

<막 3세가 됐을 때 수인과 엄마의 대화>

수인이와 수인 엄마의 대화 중 한 장면입니다. 말을 잘하게 된 2세 정도부터 4살이 넘은 시기까지 수인이는 그림 그리는 것을 별로 좋아하지 않았습니다. '그림을 그린다!' 하면 뭔가 아주 잘해야 한다는 생각을 하는 것 같습니다. 즉, '그림 그리기'라는 단어 속에 완성도가 높은 '미술작품'을 생각하는 것 같습니다. 엄마는 그림 그리는 사람이라는 것을 안 이후 더더욱

〈수인 그림 48〉 3살 9개월

그림을 그린다는 것에 조금 부담을 느끼는 것 같습니다. 그런데 수인이는 '물감놀이'를 아주 많이 좋아합니다. **물감놀이는 말 그대로 물감을 가지고 노는 것이고, 그림 그리는 행위가 놀이로 인식되**기 때문입니다. 아이에게 완성된 그림이 중요하지 않습니다. 그림 그리는 그 행위 자체에 몰두하고 싶어 합니다. <수인 그림 48>은 수인이의 편안한 물감놀이랍니다. 자신이 좋아하는 색의 물감을 칠해보는 것에 기뻐하고 있습니다.

"내 아이는 그림 그리는 것을 꺼려해요. 그리지 않으려 해요"라고 말하는 아이들은 대부분 자신의 그림에 대해 자신이 없기 때문입니다. 낙서화처럼 보이니 이렇게 하든 저렇게 하든 하기만 하면 되는 것 같지만, 앞에서 설명하였듯 아이들은 모두 자신의 그림에 자신의 개성을 표현하고 있습니다. 다시 말해 무엇을 어디에 어떻게 그려야 할지 계획하고 표현한다는 것입니다. 그러므로 어떤 아이들이 자신이 그린 그림이 자신이 생각한 것과 달리 자신 스스로에게 만족스럽지 못한 경우가 많이 있습니다. **자신이 생각하는 이상적인 그림과 자신의 그림 사이의 차이를 인식**하는 것이지요. 이러한 자신의 그림에 대한 불만족은 이후에도 몇 번의 시기를 걸쳐 계속 나타날 것입니다.

〈수인 그림 49〉 3살 8개월

엄마 미술놀이 하자!

수인이는 4살이 넘어 '그림 그리기'를 좋아하게 되었습니다. 왜 냐하면 다른 사람, 특히 선생님으로부터의 인정과 함께 자기가 '그림을 잘 그리는 아이'라는 믿음이 생겼기 때문이지요. 수인 엄마가 확신하건대 이 자신감은 언젠가 또다시 좌절감으로 변 할 것입니다. 왜냐하면 수인이의 눈과 수인이가 손으로 표현하 는 그림 사이에 수인이 눈이 더 높아지는 시기가 올 것이기 때 문입니다. 이러한 주저함, 자신감 부족은 아이에 따라 어느 기 간 지속되었다가 극복되는 경우도 있고 짧은 시기에도 자신감 과 주저함을 반복적으로 보여 주는 아이들도 있습니다. 이렇게 자신의 그림을 주저하는 아이에게는 그림 그리기를 물감놀이 로, 크레용놀이로 인식하도록 도와주는 것이 중요합니다. <수 인 그림 49>에서 수인이는 '무지개 색 물감놀이'라고 그림을 설명합니다. 무지개를 그린 것이 아니라 물감놀이입니다. 왜 냐하면 물감에 물을 많이 섞어 빨간색에서 주황색, 노란색, 연 두를 거쳐 파란색과 보라색까지 물감이 자연스럽게 번지는 것 을 즐기고 있습니다. 물이 많이 섞인 물감을 서로 섞고 그로 인 해 자연스러운 '그러데이션(gradation)' 효과가 난다는 것을 실 험하는 '물감놀이'이기 때문입니다. 즉, 그림을 잘 그려야 한다는 생각을 가지고 그리는 것이 아니라 물감과 붓을 사용해 나타나는 물감의 시각언어를 놀이로 하고 있는 것입니다. 게다가 무지개의 느낌이 잘 표현되지 않았나요?

그렇다면 우리 부모가 어떻게 해야 이 시기 아이들이 그림 그리는 행위 자체를 즐기도록 도와줄 수 있을까요? 몇 가지 Tip을 다시 드리겠습니다.

● 좋아하는 도구를 사용하도록 해주세요

어떤 아이든 그림 그리는 모든 도구를 좋아하거나 다 싫어하지는 않습니다. 대부분을 좋아하는 아이도 있고 특정한 재료들에만 조금 관심을 보이는 아이들도 있지요. 하지만 대부분 새로운 재료를 지속적으로 소개시켜 주어야 재료를 넘어 그림 그리기 자체를 지루해하지 않게 됩니다. 그림 그리기를 즐겨 하지 않는 아이 중에는 단순히 크레용이나 크레파스를 지루해하는 것일 수 있습니다. 그 아이에게 물감과 붓을 주면 전과 비교할 수 없는 흥미를 보이기도 합니다. 앞에 보여 드린 <수인 그림 48>은 수인이에게 아크릴 물감의 여러 색을 주었더니 그 색들 하나하나를 칠한 '물감놀이'였습니다. 수인이는 붓에 물감

〈수인 그림 50〉 3살 11개월

을 칠하는 물감놀이를 많이 좋아해서 두 살 이전부터 물감을 사용해왔습니다. 물감을 좋아하는 수인인지라 수채화 물감이 아닌 아크릴 물감도 빨리 주었는데, 세 살이 조금 넘은 후 금색, 은색 등 쉽게 접하지 못하는 색상의 물감까지 주었답니다. 처음 그런 물감을 주었더니, 재료를 이해하기 위한 그림으로 놀이를 한 것이 <수인 그림 48>이 된 것이랍니다. <수인 그림 50>은 엄마와 공원에 가서 나뭇가지와 솔방울 등등 **직접** 그림에 붙일 것들을 주워와 만든 콜라주 작품입니다. 직접 자연에서 고른 재료들이라 신나게 작업하였지요.

책 첫 부분에 아주 어린 영아에게 처음 그릴 도구를 줄 때, 크레용이라 해도 더 무른 것, 더 딱딱한 것 등 비슷하더라도 조금씩 다른 것을 주라고 설명했습니다. **다양한 재료를 탐험하도록 하는 것은 이후 언제까지든 아주 중요한 미술발달의 핵심요소입니다.** 수채화는 '우리 아가에게는 아직 너무 이르다'라고 생각하는 데는 수채화의 재료를 잘 이해하여 수채화의 느낌이 잘 드러난 표현을 해야 수채화 물감을 쓸 시기라고 생각하는 것이 전제되어 있습니다. 하지만 **처음부터 재료를 잘 쓰는 사람은 아무도 없습니다.** 언제든 몇 살이든 처음 쓰는 시기가 있

〈수인 그림 51〉 3살 10개월

〈수인 그림 52〉 3살 10개월

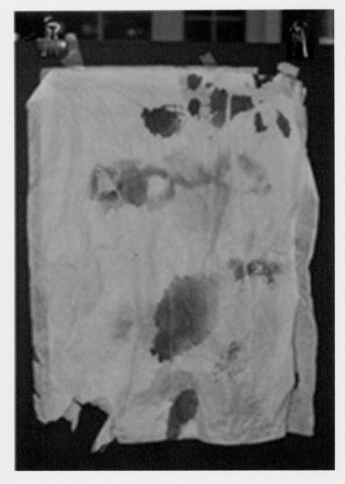

엄마 미술놀이 하자!

지요. 수인 엄마는 물감이든 어떤 다른 재료든 가능한 대로 일찍 아이에게 주어도 좋다고 생각합니다. 다만 그 재료에 흥미를 보이는지의 여부와 부모가 물감은 이러이러하게 써야 한다는 정해진 생각에서는 벗어나는 것이 좋습니다.

게다가 수채화 등 물감도 여러 종류가 있지요. 물감보다는 붓의 종류와 크기가 더 다양합니다. 둥근 붓, 평형한 붓, 끝이 사선으로 잘린 붓, 페인트칠 할 때 쓰는 넓적붓, 한국화 붓, 스펀지붓도 있습니다. 스펀지 붓이 처음 쓰기 더 용이할 수도 있습니다.

또한 물감을 휴지에 묻히는 방법, 먹 등을 이용할 수 있습니다. <수인 그림 51>은 사각형 미용티슈를 접어 물감을 떨어뜨려 번지도록 한 후 접은 사각형을 펼친 물감놀이입니다. <수인 그림 52>는 옷을 사면 싸주는 얇은 습자지 같은 종이에 먹물을 떨어뜨려 그린 그림입니다. 다양한 재료는 다양한 시각언어 놀이를 만들어낼 수 있습니다.

● **다양한 크기, 색깔, 다른 형태의 종이를 주세요**

그림 그리기를 얼마나 좋아하든 관계없이 여러 형태의 종이는 아이들에게 많은 영감을 준답니다. 그림 그리는 종이라 하

〈수인 그림 53〉 3살 7개월

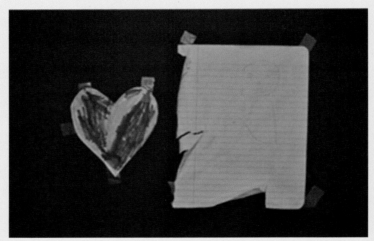

엄마 미술놀이 하자!

면 황금비례라 불리는, 그렇기 때문에 많이 쓰는 직사각형의 16절, 8절 등의 도화지가 많이 쓰이지요. 비례가 우리의 눈에 편하게 보인다는 장점이 있습니다만, 그런 종이는 우리에게 너무 익숙한 반면 너무 보았기에 조금 지루하지요.

종이는 그림 그릴 공간을 제시해주는 것이기에 새로운 모양의 종이는 아이들에게 공간을 구성하는 것에 대한 도전을 주고 새로운 영감을 만들어낼 수 있답니다. 정사각형 종이, 아주 큰 종이, 작은 종이, 원형의 종이, 하트모양 종이는 각각의 공간언어를 제공하는 것이지요. 물론 다른 색깔의 종이도 말할 것 없이 새로운 도전이 될 것입니다. 특히 검은색 같은 진한색의 종이는 더욱 그러합니다. 하얀 종이에 검은색은 익숙하지만 검은색에 흰색으로 그리는 그림은 익숙하지 않기 때문입니다.

여러 종이모양을 좋아하는 수인이는 좋아하는 모양이 자꾸 변하지만, 그중에서도 하트모양 종이를 아주 좋아합니다. <수인 그림 53>을 보면 수인이가 하트모양이라는 새로운 공간에 대해 시각적 대응을 하는 모습이 나타나 있습니다. <수인 그림 54>는 수인 엄마가 지붕 기와부분을 도와준 것이지만, 2살 반 정도에 그린 그림입니다. 많은 아이들이 그렇듯 집 모양의 종이는

〈수인 그림 54〉 2살 7개월

아이에게 집 공간을 인식하고 가족이 함께 사는 공간에 자신의
마음을 그려 넣을 수 있는 기회이지요.

앞에서 핸드페인팅이 얼마나 많은 아이의 발달에 도움을 주
는지 말씀드렸을 때 큰 종이가 핸드페인팅을 할 때 편하다는
것은 쉽게 이해가 갈 것입니다. 하지만 핸드페인팅을 하자고
하면서 아주 작은 종이를 준다면, 이것 또한 새로운 도전이 될
것입니다. 지문만 찍어 표현하는 아이도 있을 수 있고, 손의 다
른 일부만 사용할지도 모릅니다. 인형을 가져와 인형 손을 이
용할지도 모르지요.

여러 다른 그림의 재료와 종이의 복합은 아이에게 계속 새로
운 도전을 줄 것입니다. 이것들에 대해 새롭게 도전해볼 때마
다 아이들의 문제해결능력은 향상될 것이며, 새로운 문제에 대
한 유연성을 가지게 될 것입니다.

● **자신이 그린 그림에 대해 많이 말할 수 있도록 도와주세요**
수인 엄마가 이 책을 쓴 목적은 그림 잘 그리는 아이나 미술
능력 향상을 위한 방법을 알려 드리려 하는 것이 아닙니다. 그
보다는 그림 그리는 행위를 통해 아이의 자연스러운 발달을 도

〈수인 그림 55〉 4살 3개월

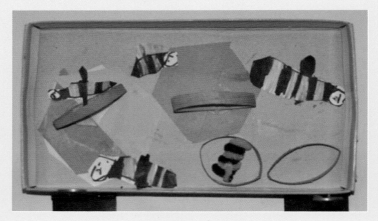

우려는 것이고, 더 중요하게는 미술적 행위를 통해 아이는 자신의 생각이나 새로운 아이디어를 표현하는 즐거움을 알게 되고, 부모를 비롯한 양육자 어른이 아이의 마음을 읽어내어 아이와 소통할 수 있도록 도우려는 것입니다. 그러므로 아이는 그림을 통해 자신에 대해 말하고, 어른은 그 그림에 대한 설명을 많이 들어 주는 행위가 그 핵심이라 할 수 있습니다.

그림을 그리는 아이에게 그림에 대해 이야기할 수 있도록 하는 것은 그림에 따른 부차적 행위가 아니랍니다. 아이가 표현하고픈 아이디어와 함께 아이의 속내를 읽고 들어 주는 것이랍니다. 왜냐하면 **아이는 그림을 통해 자신의 이야기, 자신의 바람을 말하기 때문**입니다. 특히 평소에 자신의 감정을 잘 드러내지 않는 아이라든지, 부모 이외에 다른 양육자에게 맡겨져 여러 다른 환경에 노출되어 있는 아이들은 특히나 자신의 감정을 드러내지 않다가 그림에서는 표현하는 경우가 많습니다. 자신의 감정, 바람이 그림에 투영되기 때문이지요. <수인 그림 55>는 수인이가 꿀벌 공주가 된 이야기를 담은 그림입니다.

옛날 옛날에 아주 예쁜 꿀벌이 살고 있었습니다. 그 꿀벌은 왕인 아빠 꿀벌과 여왕인 엄마 꿀벌과 함께 살고 있었답니다. 어느 날 예쁜 공주 꿀벌은 엄마 여왕 꿀벌과 아빠 왕 꿀벌과 함께 꽃이 많은 들판으로 소풍을 갔습니다. 세 꿀벌은 그곳에서 재미있게 놀았답니다. 매일매일 놀았습니다.

이 이야기에 무엇이 보이십니까? 수인이는 자신이 공주가 되고 싶어 하는 마음이 보이지요. 예쁜 공주가 되고 싶은 것은 이 정도 나이의 여자아이들에게는 흔한 이야기지요. 그런데 수인이는 엄마 꿀벌과 아빠 꿀벌하고 매일매일 같이 노는 이야기를 하고 있습니다. 학교 가기에 바쁜 엄마, 회사에 가는 아빠랑 더 많은 시간을 갖고 싶다는 이야기지요.

수인이 친구들 중에는 친구가 많았으면 좋겠다는 표현을 그림으로 하는 아이들도 있고, 자신의 외로움을 표현하는 아이들도 있습니다. 당연한 이야기인 듯 보이지만, 이러한 이야기를 들어 주고 알아줄 기회가 그리 흔치 않을지도 모릅니다. 그림은 아이들과 어른에게 속내를 이야기하고 들어줄 기회를 제공한답니다.

〈수인엄마 그림 56〉

〈수인 그림 57〉 4살 9개월

● 비슷한 느낌이나 색깔의 명화들을 볼 기회를 주세요

수인이와 수인 엄마의 그림은 참 많이 닮아 있습니다. 수인 엄마는 도시 이미지를 많이 그리는 사람입니다. 재료도 드로잉 재료들과 함께 먹, 그리고 도시 이미지인 커피(인스턴트커피를 물에 진하게 탄 것)를 많이 사용합니다. 수인이는 이러한 엄마의 그림을 많이 보아왔고, 가끔 비슷한 느낌의 그림을 그리려 하였지만 4살 반 정도가 된 시기부터 더욱 적극적으로 엄마의 그림과 비슷한 그림을 그리려고 시도를 많이 했습니다. <수인 엄마 그림 56>과 <수인 그림 57>을 보시면 수인이가 엄마처럼 도시의 건물들을 그리고 커피로 색을 칠한 것이 보이시지요. 비슷하다는 것은 일단 엄마가 엄마그림에 쓰는 재료와 형상을 많이 따라 한다는 것이지만, 엄마의 그림을 읽어내어 자신의 그림으로 표현한다는 것을 의미합니다. 즉, 다른 그림을 자신의 방식으로 **새롭게 재창조**해낸다는 의미를 지니고 있습니다. 이것은 본떠서 그리는 것과는 아주 다릅니다. 본떠서 그리는 것은 완성된 그림을 보여 주는 것이 아니라 선이나 모양을 순서적으로 보여 주며 따라 하도록 하는 것입니다. 이러한 카피는 아이들의 창의성 발달에 해가 될 수 있습니다. 하지만 이와 달리 작품을 보고 이를 자기 방식으로 표현하도록 하는 것은 이와는 몹시 다른 재창조의 작업입니다.

명화라 불리는 그림들 중에 내 아이의 그림과 비슷한 그림이 생각날 때가 있습니다. 특히 인상주의의 몇몇 그림들이나 폴 클레의 그림 등과 비슷한 그림을 그리는 아이들이 꽤 많이 있습니다. 어떤 그림과 특히 비슷한 그림을 보면, 이 그림이 아이의 그림과 닮았다는 것을 말해주세요. 아이들의 자신감이 커져갑니다. 다른 사람, 특히 부모의 인정만큼 아이들에게 용기를 주는 것은 없습니다.

2

Ziuna

수인이가 엄마랑 다른 크기와 다른 재질의 종이에 많은 종류의 미술재료를 가지고 그림을 그렸다는 것은 자신을 시각언어로 표현하고, 미적 감각을 키우게 됐다는 것이지요. 미술적 감각과 언어를 익혔다는 말입니다. 또 그 외에 무슨 일이 일어났을까요?

수인이가 막 세 돌이 되었을 때입니다. 수인 아빠가 "수인아, 네 이름 좀 써봐, 이제 3살이나 되었는데"라고 했더니 수인이가 종이를 가지고 와서 자신이 가장 좋아하는 보라색 물감으로 칠한 뒤, 그 위에 열심히 무엇인가를 썼습니다. 그 글씨는 그림에 가까웠는데요, 거꾸로 된 S와 IUNA라는 Ziuna 같은 글씨를 써가지고 자랑스럽게 엄마 아빠에게 보여 주었습니다. 수인이의 영어 이름은 SUINA입니다. 즉, S는 뒤집혀 Z 같은 모양이 되었고 U와 I는

〈수인 그림 58〉 3살 1개월

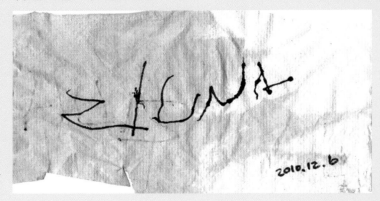

순서가 뒤바뀌어서 **Ziuna**가 된 것입니다(<수인 그림 58>).

중요한 것은 수인이가 자기 이름이 쓰인 것을 보고 그린 것이 아니라는 것과 그 이전에 수인이는 한 번도 글자(한글이든 알파벳이든)를 가르쳐준 적도, 게다가 어떻게 쓰는지는 더더욱 가르쳐준 적이 없다는 것입니다. 그런데 보지 않고 글씨를 써 본 경험도 없이 자신의 이름을 쓴 것입니다, 아주 자랑스럽게요. 자신이 좋아하는 색깔 디자인까지 맞춰서요. 만약 자신의 이름을 보고 따라 그렸다면 이렇게 틀리지 않았을 것입니다. 수인이의 조금 틀리게 쓴 이름은 그림을 많이 그리도록 도와준 아이에게 발견되는 2가지 큰 장점을 말해줍니다.

- 사물에 대한 **모양 인지능력**입니다. 수인이는 자신의 이름 모양을 기억하고 있었습니다. 시각언어의 발달은 표현능력 뿐 아니라 모양 기억능력으로 이어진다는 사실입니다. 어떤 것을 보고 기억하는 능력은 사물을 인지하는 관찰능력을 보여 주는 것입니다.

- 글씨를 쓸 수 있는 **소근육 발달**입니다. 글씨를 쓰는 것은

연필을 잡고 있는 손을 자신이 생각한 대로 정교하게 움직여야 하는 고도의 훈련이 된 기술입니다. 글씨를 쓰는 기술이 글 쓰는 연습을 통하여서가 아니라 그림을 많이 그려봄으로써도 발달이 가능하다는 것입니다.

아이에게 그림을 그릴 기회를 많이 제공하고 용기를 북돋아 주는 것의 이점은 미술에만 있는 게 아니랍니다.

CHAPTER

05

사람을 그렸구나,
우리 딸

1

와, 수인아 사람을 그렸구나. 누구야?

대략 3세 전후에 아이들의 낙서화는 구체적 형상을 띠기 시작합니다. 많은 경우 무언가 알 수 없는 재현적 형상이 무엇인지 알아볼 수 있기까지는 1년 이상이 걸립니다. 낙서화와 이미지 드로잉의 중간과정이지요. <수인 그림 59>는 수인이가 두 살 3개월쯤 되었을 때 그린 가족입니다. 가장 큰 아빠와 뒤에 할머니, 그리고 누워서 운동하는 엄마가 보입니다. 물론 이것은 수인이의 설명이고요, 어른의 눈으로 알아보기란 쉽지 않습니다. 처음 재현적 형상이 드러나기 시작할 때 아이들은 자신의 그림을 많이 설명하고 싶어 하지만, 또한 쉽게 설명을 멈추기도 하지요. 계속 설명을 할 수 있고 없고는 보육자에 태도에 달려 있는 경우가 많습니다. 아이들이 그림을 계속 그리고 싶

〈수인 그림 59〉 2살 3개월

어 하고 설명하도록 하기 위해 이 시기 동안 보육자가 하지 말아야 할 금기가 있습니다. 그중에 아래 두 가지만은 꼭 지켜주세요.

- ● **"수인아, 이거 아빠구나, 아니면 누구야?"**

궁금하지요, 당연히. 하지만 절대 하면 안 되는 첫째 계명은 어른의 눈으로 짐작하고 이게 뭔지 말하는 것이고, 아니면 무엇을 그린 거냐고 물어 보는 것입니다. 일단은 어른의 눈으로 잘못된 판단은 아이에게 자신의 그림에 대해 자신감을 상실하도록 만들 수 있기 때문입니다. 즉, 내가 그린 그림을 엄마 아빠가 알아보지 못할 만큼 잘 못 그렸다는 해석이 될 수도 있기 때문입니다. 하지만 그보다 더 중요한 이유는 **아이들의 그림이 계속 변하기 때문**입니다. 3세가량의 아이들은 하나의 그림 안에서 하나의 그림만을 그려야 한다는 개념을 가지고 있지 않습니다. 즉, 일관된 주제를 표현하려고 하지 않기 때문에, 엄마를 그리다가 갑자기 엄마랑 함께 읽은 동화책이 생각나 여왕님을 생각하고 그리다가 여왕이 못된 백설공주의 새엄마를 생각하게 하고 빨간 사과를 생각하고 그 생각나는 것들을 한꺼번에 마구 그리게 됩니다. 아이들은 **자신이 알고 생각하는 그 생각**

〈수인 그림 60〉 3살 1개월

의 흐름을 그대로 그립니다. 그 생각의 변화만큼이나 그림의 주제도 변하기 때문에 무엇을 그렸는지 정확히 모를 수도 있습니다. 조금 조심스럽게 "수인아, 수인이 그림에 대해 얘기해줄 수 있어? 설명해줄 수 있을까?"라는 식으로 물어봐 주세요. <수인 그림 60>을 보시면 알 수 있습니다. 처음에는 소풍 간 그림을 그리다가 (꽃을 그리려 한 것 같습니다), 소풍에 친구 시내랑 같이 갔던 생각이 났다가, 시내에게 주고 싶은 크리스마스카드가 되어 결국 시내를 그린 것이랍니다.

<수인 그림 61>이 무엇인지 짐작이 가십니까? '창문 옆에 있는 엄마'입니다. 제목을 듣고 보면 이미지가 충분히 이해가 가지만, 그림만 본다면 우리는 전혀 다른 주제나 스토리를 물어볼지도 모릅니다. 아이들이 먼저 자신의 그림에 대해 설명하도록 도와주시고, 지레짐작은 하지 말아주세요.

● 이거 보고 그려봐, 이렇게 따라 해봐

좋은 명화든, 무엇이든 어떤 것을 그대로 카피하도록 하지 마십시오. 특히 수인 엄마는 순서를 따라 그리는 교재가 위험할 수 있다고 말하고 싶습니다. 왜냐하면 당장 그림이 어른 눈

〈수인 그림 61〉3살 4개월

에 조금 더 '잘 그린' 그림이 될 수는 있지만, 아이들이 자기만의 시각언어를 발달시키는 데 오히려 저해되기 쉽기 때문입니다. 아동의 시각적 창의성에 대해 아이들은 천부적으로 자신만의 창의적 언어를 가지고 있다고 인정하는 학자도 있고, 교육을 통해 발달시켜 줘야 한다고 생각하는 학자도 있습니다. 하지만 대부분의 학자들은 아이들이 그림을 통해 자신을 표현하는 방법을 이미 알고 있다는 의견에는 동의합니다. 어떤 방식을 따라 하는 것은 아이들의 재현적 형상이 어른 눈에 '잘 그린' 그림으로 단시간 안에 유도할 수는 있습니다만, 이것이 아이들에게 자신의 그림에 대한 자신감을 주지는 않습니다. 아이들에게 **자신감을 주는 것은 여러 미술재료를 많이 사용하여 재료를 자신 있게 쓸 수 있는 경험과 어른, 특히 자신이 좋아하는 어른들의 관심과 인정**입니다.

2

초기 재현적 그림은

　많은 아이들이 사람을 먼저 그리는 경우가 많습니다. 대부분의 아이들은 머리를 가장 먼저, 그리고 두 번째로 다리나 발, 그리고 팔이 세 번째, 그 이후에 몸통에 대한 표현을 한다고 합니다. 많은 미술교육학자들이 스틱 모양, 혹은 올챙이 모양이라고 부르는 머리에 다리만 있는 사람의 형태는 전 세계적으로 나라나 문화와 상관없이 많이 발견되는 아이들의 재현에 나타나는 형상입니다. <수인 그림 62>는 아빠를 그린 작품인데 눈, 입, 피부, 그리고 수인 아빠의 큰 특징인 곱슬머리까지 잘 표현되어 있는데, 일단 얼굴에 집중이 되어 있지요. 이렇게 아이들이 머리부터 그리는 이유에 대해 학자에 따라 크게 두 가지 의견이 있습니다. 한 그룹의 학자는 아이들은 보는 것을 그리는

〈수인 그림 62〉 3살 5개월

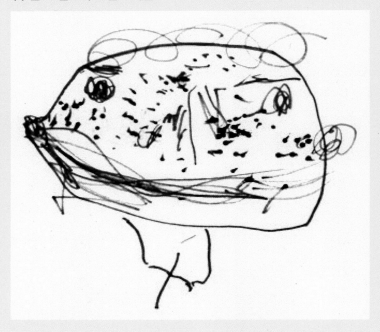

게 아니라 아는 것을 그리기 때문에 사람을 안다는 것이 얼굴을 비롯한 머리이기 때문이라고 합니다. 다른 그룹의 학자들은 아동은 보는 것을 그리지만, 머리가 다른 것보다 더 중요하기 때문에 머리가 몸통을 포함한 형태라는 것입니다. 즉, 머리만 그렸지만 몸통까지 포함한 형태라는 것이지요. 두 의견이 상의하긴 하지만 공통점이 있다면, 아동에게 일단 중요한 것은 사람의 머리, 얼굴이고 사람, 특히 자신과 가까운 사람이 처음 그림들의 주제가 된다는 것입니다.

수인 엄마는 "아동은 보는 것을 그리는 것이 아니라 아는 것을 그린다"는 학자들의 말에 조금 더 동의하는 편입니다. 왜냐하면 수인의 그림을 관찰한 결과가 그렇습니다. 한창 엄마, 아빠, 친구 등등의 얼굴을 그리던 수인이는 세 살 반이 넘어가면서부터 사람의 몸까지 같이 그리게 되었습니다. 3세 초반에는 '누구'를 그리는 것이 중요했던 반면, 3세 후반부터는 '누가 무엇을 하는지'까지 중요하게 되었기 때문에 몸통을 통해 무엇을 하고 있는지를 표현하고 싶었기 때문입니다. <수인 그림 63>은 '손을 흔드는(바이바이를 하는) 수인이'입니다. 자신이 손을 흔드는 것을 표현하고 싶었기 때문에 손을 그릴 필요가 생겼고

〈수인 그림 63〉 3살 7개월

따라서 몸통과 손이 생긴 것입니다. 수인이는 친하지 않은 사람에게 말을 크게 하는 것을 잘하는 편이 아니라서, 동네 아저씨나 아줌마들에게 인사를 소리 내어 하는 것을 몹시 어려워했습니다. 수인의 엄마 아빠는 계속 수인이에게 인사를 했으면 한다고 말을 했고요. 수인이는 말을 잘하고 싶지만 쑥스러움으로 손을 통해 말하고 싶었던 게 아닐까 합니다.

아이들 그림에는 아이들의 마음이 드러납니다. 이 시기 아이들의 그림을 통해 아이들의 마음을 읽는 방법을 몇 가지 소개해 드릴까 합니다. 물론 아이들마다 다르지만 공통적인 면들을 말씀드리겠습니다.

● 중요한 것의 크기가 큽니다

아이들에게 특히 3~5세 정도의 아이들에게는 자신이 좋아하는 것을 크게 그립니다. 특히 자신의 가족을 그리면서 아빠보다 엄마가 크다던가, 자신이 언니, 오빠보다 큰 그림을 많이 그립니다.

〈수인 그림 64〉 3살 7개월

<수인 그림 64>는 수인이가 가장 친한 친구인 시내와 좋아하는 주일학교 선생님인 설 선생님과 함께 소풍 가고 싶다는 그림을 그린 것입니다. 함께 소풍을 가고 싶긴 하지만, 수인이는 설 선생님과 함께 가는 것이 중요합니다. 시내와 함께 가고 싶지만 자신이 시내보다 더 중요한 인물입니다. 그래서 설 선생님이 오른쪽에 가장 먼저 가장 크게 나타나고, 그다음 왼쪽에 아빠와 엄마가 비슷한 크기로 나타나고, 자기가 초록색으로 중간에 있습니다. 그리고 아주 작은 시내가 옆에 있습니다. 시내와 함께 가고는 싶지만, 자신이 중심이 되고픈 수인이 마음을 아시겠지요.

아빠가 엄마보다 실제적으로 더 큰 경우가 많지만, 엄마를 아빠보다 크게 그리는 아이들을 쉽게 볼 수 있습니다. 엄마가 자신에게 **더 중요하거나, 더 친밀한 존재**이기 때문입니다. 경쟁심리가 있는 언니, 오빠보다 자신이 커지거나, 동생이 실제 이하로 아주 작게 그려지는 경우도 흔합니다. 이러한 크기는 아빠와 재미있게 축구를 한 이후에는 아빠가 더 커지기도 하는 등, 그 상황에서 자신에게 더 중요함을 나타냅니다. 반대로 이야기하자면 아이의 심리를 보여 주는 아주 간단하고도 중요한 단서인 것입니다.

〈수인 그림 65〉 4살 7개월

엄마 미술놀이 하자!

<수인 그림 65>는 수인이가 칠판에 분필로 아빠를 그린 것입니다. 한쪽 귀가 아주 커진 아빠가 보이시지요. 수인이 말을 잘 들어 주는 아빠를 그린 것입니다. 요리하는 손이 커진 엄마도 당연히 등장할 수 있지요. 이럴 때 실제 비례와 무엇이 커진 모양을 비교하지 마세요. 머리가 크고 다리가 짧은 엄마 그림을 보고 "엄마가 머리만 크고 다리는 이리 짧아"라고 보지 마시고 엄마의 머리가 큰 이유를 살펴봐주세요. 커진 것은 그것이 더 중요하기 때문이니까요.

다시 말해 어른이 아는 실제 크기를 가지고 내 아이는 그림에 대한 재능, 공간적 지각력이 떨어진다고 말할 수 없는 것입니다. 예를 들어 소방차는 소방서보다 훨씬 클 수 있습니다. 왜냐하면 **아이에게 소방차는 불을 끄는 일을 하는 주인공이고, 소방서는 단지 그 차가 쉬러 가는 곳일 뿐**이기 때문입니다.

사물이나 사람, 동물이 때에 따라 커지고 작아지는 것은 당연합니다만, 만약 어떤 사람이나 사물이 언제나 **항상** 특별히 작거나 크다면 아이의 심리에 대해 잘 살펴보시기 바랍니다. 가족의 그림에 언제나 아빠를 너무나 작게 그리는 아이라면, 아빠의 어떤 점에 대한 불만족을 표현하는 것일 수도 있기 때

〈수인 그림 66〉 3살 2개월

문입니다. 만약 자신을 그리는데 입이나 눈이 언제나 항상 너무나 크다면 말하는 것에 대한 두려움이 있거나, 무엇을 보는 것에 집착하는 것일 수도 있습니다. 또 대부분의 아이들은 자신을 다른 사람보다 크게 표현하는 경향이 있습니다. 자신이 중요하다는 것은 지극히 당연한 일이겠지요. 그런데 만약 어떤 아이가 표현하는 **자신이 실물의 자신보다 훨씬 작다**면, 그러니까 작은 동생보다 자신이 더 많이 작거나, 동물이나 사물보다 심하게 작게 표현한다면 자신에 대한 무언가 자신 없거나 불만을 표현하는 마음이 투영된 것일 수 있습니다. 이런 경우 반드시 전문가와의 상담이 필요할 것입니다.

● **자신이 인식하는 사물의 특징을 그립니다**

초기 재현적 그림에 아는 것을 그리기 때문에 (조금 다른 의견의 학자도 있습니다만) 중요한 것이 크다는 자신의 가치를 표현하는 것일 뿐 아니라, **사물이나 상황을 자신이 어떻게 이해하는지** 보여 준답니다. <수인 그림 66>은 배를 그린 그림인데요, 파도 위에 떠다니는 배와 자신의 얼굴이 그려진 깃발을 달고 있지요. 수인 가족은 여름이면 한 차례 정도는 유람선을

〈수인 그림 67〉 3살 4개월

〈수인 그림 68〉 3살 5개월

타는데요, 수인이에게는 파도에 흔들리는 배 위에 있는 경험은 특별히 여겨지는 것 같습니다. 이러한 수인이의 배에 대한 이해는 쉽게 그림으로 그려졌지요. 자신의 배라는 희망까지 담아서요.

이 나이 또래의 아이들이 사물을 파악하는 인지력의 발달이 비슷한 관계로 어떤 사물을 **단순화**하는 시각적 표현이 유사하답니다. <수인 그림 66>의 배 모양은 쉽게 배라고 인식하는 모양이지요. 또 <수인 그림 67>과 <수인 그림 68>의 집은 이 나이 또래 아이들이 많이 그리는 주제인데요, 집이라는 수인의 그림과 같은 상징적 표현을 많이 보셨을 겁니다. 이러한 자신이 인식한 사물의 모양을 반복적으로 그리는 시기이지요. 그러므로 한동안 한 가지 주제를 계속하여 그린답니다.

3

수인이만의 색칠공부

아이들의 그림이 상징적이며 반복이 많이 보이는 시기에 아이들의 미술활동을 즐겁게 해줄 하나의 방법을 제안해 드리려 합니다. 색칠공부인데요, 특별한 색칠공부입니다.

그림에 형상이 나타나기 이전이나 그 즈음, 즉 2~3세경에 많은 보육기관에서 미술학습 활동으로 색칠공부를 준비합니다. 색칠공부를 여러 색깔에 대한 아이들의 표현 욕구를 채워줄 수 있는 도구인 동시에 여러 관련 주제를 소개할 쉬운 교재입니다. 즉, 어떤 주제를 공부할 때 사용되는 **보조교재입니다만, 창의적 미술활동은 아니라고** 할 수 있습니다. 만약 어린이집이나 유치원에서 색칠공부를 주면서 그것이 미술시간이라고 한다면, 미술을 잘못 이해하고 있다고 생각해도 좋습니다.

〈수인 그림 69〉 3살 2개월

그 외에도 색칠공부는 상업적 캐릭터에 노출되기 쉽게 한다는 비판을 가지고 있습니다. 즉, 아이들의 미술적 발달에는 거의 도움을 주지 못한다고 할 수 있습니다. 일부 미술교육, 미술치료 학자들은 색칠공부는 아이에게 거의 대부분 부정적인 영향만 끼친다고 단언하기도 합니다.

그럼 색칠공부를 조금 창의적이 되도록 만들어 볼까요? <수인 그림 69>는 **수인이만을 위해 제작된 색칠공부**입니다. 수인이가 땡땡이 무늬 티셔츠를 입고 공주가 나오는 TV를 보고 있는 모습인데요, 수인 엄마가 검은색 사인펜으로 윤곽선을 그려서 수인이가 등장하는 색칠공부를 만들어준 것입니다. 수인 엄마니까 가능하다고요? 꼭 그렇지만은 않습니다. 왜냐하면 잘 그린 것이 중요하지 않으니까요. 힘드시다면 사진 같은 것을 보고 그려도 좋고 트레이싱 페이퍼를 이용해 윤곽선을 따내셔도 됩니다.

이렇게 자신의 이미지를 담은 색칠공부가 왜 중요할까요? 물론 대부분의 아이들이 좋아하기 때문입니다만, 엄마 아빠가 이렇게 만들어주는 그 **교감**에 더 큰 의미가 있지요. 그리고 **자신이 주인공이 되어 있는 이야기를 상상하도록 유도**합니다. 수인이가 무엇을 하고 있는 색칠공부는 자연히 그와 관련된 상황이나

〈수인 그림 70〉 3살 6개월

그다음 이야기로 발전한답니다. 엄마나 아빠, 혹은 다른 보육자가 그린 색칠공부 윤곽선에는 수인이의 현재 모습에다가 어떤 사람이었으면 좋겠다는 바람까지 담겨 있고, 수인이는 그 바람에 자신의 이야기를 덧붙이게 되는 것이랍니다. <수인 그림 70>을 보시면 수인 엄마는 수인이랑 그림 그리는 시간이 좋아서 수인이가 그림 그리는 모습을 그려 주었답니다. 수인이는 이 그림에 색칠을 하면서 자신이 엄마처럼 그림 그리는 것이 얼마나 좋은지 이야기를 합니다. 그래서 자신이 가장 좋아하는 핑크색으로 모든 색을 칠한답니다. 내 아이만의 색칠공부를 통해 엄마 아빠 마음의 바람과 마음을 전해주세요.

CHAPTER

06

이야기가 있는 그림

1

수인이와 엄마, 아빠는
사랑하는 사이랍니다

수인이 그림들이 이제 형상이 좀 나타나는 게 보이지요? 만 3~4세 무렵 아이들의 그림은 조금씩 알아볼 수 있는 형태가 드러나기 시작합니다. 아이들마다 조금 다르지만 초기 재현적 형태는 사람이나 사물의 특징을 잡아 그리기 시작하면서 어른들도 쉽게 이것이 무엇을 그린 것인지 알아볼 수 있게 발전하게 됩니다. 사람이나 사물의 특징적 형태가 구체화되기 시작할 때 아이들 그림은 단순히 그 사물을 그리는 게 아니랍니다. 자신과 그 사물이나 사람과의 **관계를 그리는 것**이랍니다. 아동미술교육학자인 로웬펠드는 아이들이 "어떤 것을 그리는 게 아니라 그것과의 관계를 그린다"라고 했습니다. 다시 말해 만약 우

〈수인 그림 71〉 3살 9개월

리 고양이 '링고'를 그렸다면 그냥 고양이가 아니라 그 아이와 링고의 관계를 그리는 것입니다. <수인 그림 71>은 엄마 아빠입니다. 각각 따로 그렸지만 이 두 그림은 시리즈 그림입니다. 왜냐하면 이 그림은 다른 두 장의 종이에 그린 것처럼 보이지만, 스티커 책에서 스티커를 떼고 남은 뒷면, 즉 같은 모양의 종이에 그린 연작입니다. 같은 종이라는 것보다 시리즈인 더 중요한 이유는 엄마, 아빠에 대한 표현이 거의 비슷하다는 것입니다. 동그란 눈에 눈동자, 파란색의 네모난 코, 웃는 커다란 입은 빨간색으로 표현되어 있지요. 단발머리인 엄마와 삐죽 머리인 아빠의 머리모양만 다른 모양이고, 나머지 얼굴 표현이 굉장히 닮아 있지요. 닮은 엄마 아빠는 수인이에게 엄마와 아빠에 대한 인식이 거의 비슷하다는 것을 나타냅니다. 다시 말해 양쪽 부모의 역할과 자신의 친밀도가 거의 비슷하다는 것을 보여 줍니다. 조금 더 직설적으로 표현하자면, "수인아, 엄마가 좋아? 아빠가 좋아? 누가 더 좋아?"라는 질문에, "수인이는 둘 다 똑같이 좋아요"라는 대답이라고 할 수 있습니다. <수인 그림 72>를 보시면 이 관계가 더욱 확실히 드러납니다. 엄마 아빠는 네모난 얼굴에 굉장히 닮은 모습으로 나타나고, 가운데에

〈수인 그림 72〉 3살 5개월

〈수인 그림 73〉 3살 9개월

〈수인 그림 74〉 3살 9개월

있는 수인이 자신은 둥근 얼굴에 코의 모양도 조금은 다릅니다. **엄마와 아빠는 아주 비슷하고 자기는 둘과 굉장히 친밀하지만 구별되어 있는 존재**입니다.

<수인 그림 73>은 엄마와 나입니다. 엄마와 수인이가 손을 잡고 있습니다. <수인 그림 74> 또한 엄마와 나인데 손을 잡고 있는 모습이 더욱 강하게 드러나지요. <수인 그림 73>은 연필과 물감을 함께 사용하여 그린 그림인 데 반해, <수인 그림 74>는 아크릴 물감으로만 그린 그림이라 디테일적 표현이 약하지만 오히려 엄마와 손을 잡고 있는 모습이 강하게 포착되어 있지요. 이렇게 잡은 손은 엄마와의 친밀감을 표현하는 것입니다. 수인이가 엄마를 그리면서 무언가로 연결되어 있는 (대부분 손입니다) 표현은 오랫동안 지속되었습니다. 특히 수인이가 엄마 작업실에서 그림을 그릴 때, 이런 표현을 더욱 많이 하는 것 같습니다.

엄마와 하나 됨, 닮고 싶은 마음, 함께 있어 즐거움 등을 표현하는 것 같습니다. 이렇게 엄마나 아빠와 연결되고픈 수인이의 마음은 당연하기도 하고 엄마라면 아마 속으로는 감동할 것입니다. 이때 수인 엄마가 앞에서도 여러 번 말했지만, **엄마가 이를 알아봐주고 감동해주는 것**은 아이에게 매우 중요하답니다.

〈수인 그림 75〉 3살 10개월

아이가 "엄마, 사랑해요. 수인이는 엄마랑 닮고 싶어요. 엄마랑 있어서 행복해요"라는 말을 했다면 묵묵부답하시겠습니까? "그래, 수인아, 고마워. 엄마도 수인이랑 있어서 행복해. 감사해"라고 대답해주시겠지요. 아이들이 시각적으로 말하는 것을 읽을 수 있는 것은 이렇게 중요한 대화랍니다.

이 시기 그림을 또한 자신의 관계적 바람을 구체적으로 표현해준답니다. <수인 그림 75>는 엄마와 아빠가 있고 두 사람을 연결하여 주는 것이 수인이가 손을 잡고 있는 모양입니다. 사실 <수인 그림 75>를 그릴 때 수인 엄마와 아빠는 조금 다투었더랍니다. 그림 안에서 분홍색 형상은 아빠이고 빨간색은 엄마이며 자신이 파란색으로 중간에 있습니다. 엄마와 아빠를 연결해주는 것이 자신이며 그 위에는 하트모양의 사랑을 표시하고 있지요. 수인이는 이 그림을 통해 자신이 엄마와 아빠의 다툼을 해결하는 연결의 끈이 되고 싶은 것이지요. 자신이 바라는 관계가 보이지요. 수인이와 엄마, 아빠는 사랑하는 사이랍니다.

● 관계를 읽는 몇 가지 원리

관계를 나타낸다는 것까지는 이해가 가지만 어떻게 그 의미를 읽을 수 있는지 어렵다고요? 몇 가지 원리에 대해 설명드리겠습니다. 특히 가족관계에 초점을 맞춰 설명하겠습니다.

(1) 자신이 좋아하는 사람이 자신 옆에 위치합니다

앞 장에서 많은 아이들은 중요한 것의 크기가 크다고 말씀드렸습니다. 아이들에게는 불을 끄는 주체인 소방차가 그보다 덜 중요한 소방서보다 큰 것이 당연할 수 있다고요. 그처럼 자신에게 중요한 인물 또한 다른 사람보다 크게 나타납니다. 엄마와 더 많은 시간을 보내는 아이가 엄마를 아빠보다 크게 그릴 수 있습니다. 비슷한 이유로 아이는 자기 자신을 크게 그리는 경우가 많습니다. 아이에게 자신은 세상의 중심이기 때문에 친구나 형제자매보다 자신이 커지는 것입니다.

크기와 함께 아이가 자신의 옆에 그리는 사람의 **위치를 통해 자신과 친밀한 관계**를 나타냅니다. 어떤 아이가 형제나 자매가 많은데 특정 형제나 자매를 늘 자신 옆에 그린다면, 그 형제나 자매에 대한 특별한 애정을 나타내는 것입니다. 예를 들어 철수는 형이 셋 있는데, 늘 둘째 형을 자기 옆에 그린다면 둘째

형에 대한 각별한 애정을 나타냅니다.

부모와의 관계에서는 많은 아이들이 엄마 아빠 사이에 자신을 그리지요. 엄마 아빠 두 부모에게 사랑을 받는다는 자연스러운 표현입니다. 만약 어떤 아이가 엄마 아빠를 중간에 그려넣고 자신은 아빠 옆에, 동생은 엄마 옆에 그린다면 엄마는 동생이랑만 친하다는 일종의 **정서적 소외감의 표현**일 수 있습니다.

엄마 옆에 동생의 경우처럼 가족 중 누군가 특히 형제나 자매를 어떻게 그리는지는 아이의 심리를 나타내는 중요한 표현입니다. 형제자매를 나란히 옆에 붙여 그린다면, 지극히 건강한 관계의 표현입니다. 언니가 자신보다 조금 작은 것은 당연할 수 있습니다. 그런데 만약 자신이 늘 형 뒤에 있다거나, 다른 형제자매들은 나란히 있는데 자신은 앞이나 뒤에 존재한다면, 적어도 그 아이의 마음에는 **다른 형제자매에 비해 부족한 자신, 혹은 부모의 편애에 대한 섭섭함의 표현**입니다. 대부분의 그림에서 그러한 것을 발견한다면, 아이에게 관심을 가져주시고 지속적이라면 상담도 고려해야 합니다.

〈수인 그림 72〉 3살 5개월

〈수인 그림 63〉 3살 7개월

(2) 손이 있는 사람이 결정권이 있는 사람입니다

크기와 위치에 따른 중요도는 읽기가 조금 쉽지만, 많은 어른들이 잘 모르는 것은 손과 팔의 중요성입니다. 아동이 처음 사람을 그릴 때는 주로 얼굴만 그리는 경우가 많지요. 그러다가 점점 다리를 표현하고 몸통을 포함하다가 미술표현이 더 발달한 후에야 손과 팔까지 그리게 됩니다. 즉, 아동이 처음 가족을 그릴 때 모두 얼굴만 그리지요, <수인 그림 72>처럼요. 그러다가 <수인 그림 63>처럼 몸과 팔까지 있는 사람을 표현합니다. <수인 그림 63>은 앞서 말씀드렸지만, '바이바이를 하는 수인이'입니다. 당연히 팔과 손이 등장해야 하겠지요.

일단 손으로 하는 행동을 의미하지만, 그 외에 손과 팔은 그 **사람의 영향력**을 의미합니다. 특히 만약 특정한 사람에게 손과 팔이 있다면 더더욱 그러합니다. 예를 들어 가족을 그렸는데 손과 팔을 그렸다면, 적어도 그 그림 안에서는 모두에게 손과 팔이 그려집니다. 이 그림에는 그리고 다음에는 안 그리고 할 수도 있지만 하나의 그림 안에서는 모두 있거나 모두 없는 경우가 많습니다. 그런데 만약 엄마에게는 손과 팔이 있는데, 아빠에게는 없다면 그 아이의 마음에는 자신의 가족 일에 관한 결정권이 엄마에게 있다고 인식하는 것입니다. 만약 조부모에게만 팔이 있고, 부모에게는 없다면 조부모의 자신에 대한 영향력이 얼마나 큰지를 보여 주는 것입니다. 이렇게 만약 가족 중 일부에게만 손이 있다면, 혹은 누군가의 손이 다른 사람의 손에 비해 몹시 크다면 **가족의 영향력이나 가족 안에 서열이라는 것에 대한 아동의 인식**을 생각해 보아야 합니다. 특히 만약 위에서 예로 들었던 엄마 옆에 늘 동생을 배치하는 아이의 그림에서 동생과 엄마에게만 손이 있고 자신과 아빠에게는 없다면 이 표현은 굉장히 의미심장하다고 할 수 있습니다. 엄마의 사랑에 대한 소외감뿐 아니라 가족 내에서 엄마와 동생은 매우 중요하며 영향력 있는 존재이고 아빠와 자신은 그에 비해 중요하지 않은 존재라는 뜻일 수 있기 때문입니다. 중요한 정서적 표현의 단서이지요.

(3) 가족 중 누군가가 빠져 있다면 신중하게 생각하고 상담하세요

아동은 일반적으로 엄마를 그리기 시작하면, 아빠도 그리고, 할머니나 할아버지, 언니, 형, 동생 등 자신이 가족이라고 생각하는 사람들을 함께 그리게 됩니다. 누구를 가족에 넣어 표현하는지를 보면 그 아이가 누구를 가족으로 생각하는지를 알 수 있습니다. 할머니나 할아버지와 함께 사는 아이들은 조부모를 가족에 넣기도 하지만, 함께 살지 않는 아이들이 조부모를 가족에 그리는 경우는 많지 않습니다. 그보다는 키우는 개나 고양이, 혹은 부모 이외에 자신의 양육자를 그려 넣는 경우가 훨씬 많습니다. 한쪽의 부모와 함께 살지 않는 경우에 같이 사는 부모만 등장할 수도 있으며, 함께 살지도 자주 보지 못해도 양쪽 부모가 늘 등장할 수도 있습니다.

형제나 자매의 경우, 위치나 크기를 통해 자신의 질투심이나 불만 등을 표현하긴 하지만 가족을 그리는 그림에 거의 대부분 등장합니다. 엄마 아빠 다음에 그리는 경우가 많긴 하지만요. 그런데 만약 어느 한 형제나 자매가 빠져 있거나, 애완견은 등장하는데 동생은 그려 넣지 않는다면 이는 동생에 대한 질투심이라기보다는 **관계에 대한 인지력의 부족**을 보여 주는 것일 수도 있습니다. 특정한 그림에서 "동생은 집 안에 있다거나 나무 뒤에 있다"라고 말로 표현한다면 그것은 있는 것입니다. 하지만 늘 동생이 없다면, 사고력 발달에 문제를 암시하는 것일 수도 있습니다. 함께 사는 가족 중 거의 늘 그림에 등장하지 않는 가족을 가진 아이가 있다면 상담이 필요한 경우일 수도 있습니다.

2

상상력을 발달시키는 이야기가 담긴 그림

  아이의 그림에 가족이나 사물을 통해 자신과의 관계를 표현
하기 시작하면 아이는 자신의 주변에서 관심과 흥미에 따라 다
양한 주제를 찾아 그림을 그리게 됩니다. 아이의 관심이 어느
주제에 있다면 하나의 주제를 반복적으로 그리는 경우가 많습
니다. 특히 대중매체를 통해 접하게 되는 캐릭터를 집착하다시
피 계속하여 그리는 경우가 많습니다. 여자아이가 공주를 반복
적으로 그린다거나 남자아이가 로봇을 반복적으로 그리는 경
우는 흔하지요. 이렇게 고집스럽게 보이다가도 갑자기 전혀 생
각하지 못한 주제의 그림을 그리기도 합니다. 그림 주제의 다
양성은 아이들이 자신의 주변 세계를 이해하는 데 중요한 역할
을 합니다.

〈수인 그림 76〉 3살 9개월

다양한 주제는 자신이 환경과 상호작용하고 있다는, 즉 자신을 둘러싼 세계에 대한 이해를 넓혀 주고, 또한 상상력 발달의 기본이 된답니다. **그림을 통해 자신만의 세계, 자신의 이야기**를 만들어내기 때문이지요.

<수인 그림 76>은 수인이가 몬스터(Monster), 그러니까 괴물 혹은 도깨비에 대해 그린 그림입니다. 수인이가 만 세 살 반 정도 되었을 때 수인이가 다니던 유치원에서는 몬스터가 학습의 주제가 되었을 때가 있었습니다. 괴물이 학습주제라니 조금 이상하게 들리기도 합니다. 하지만 이 나이의 아이들을 두셨거나 더 큰 아이를 두신 부모님들은 아이들이 괴물 같은 상상의 존재를 얼마나 재미있어하는지 아실 것입니다. 수인이는 한동안 망태할아버지가 말 안 듣는 아이들을 잡아 가는 이야기가 나오는 동화책을 무서워하면서도 너무 재미있어했습니다. 아이들의 이런 관심을 잘 아는 수인이 유치원 선생님이 아이들에게 몬스터가 나오는 동화책도 읽고 몬스터에 대해서 이야기도 나누고 결국 자신만의 몬스터를 만들어내는 수업을 하셨던 것입니다. 이 수업이 얼마나 중요한 수업인지, 특히 자신만의 몬스터를 만들어 보는 게 왜 중요한지 조금만 설명하겠습니다.

〈수인 그림 77〉 3살 9개월

우선 영어 몬스터는 괴물이라기보다는 도깨비에 해당한다고 보시면 되는 해학적인 이미지를 가지고 있습니다(모든 경우 그런 것이 아니라 아이들의 동화에 등장하는 몬스터의 경우는 그런 것 같습니다). 현실 속에는 존재하지 않지만 바로 옆에 있을 것 같은, 옆에 있다면 무서우면서도 재미있는 존재인 것 같습니다. 무서움과 귀여움이 함께한 존재로서 몬스터에 대한 **상상력은 한계가 없기 때문에 아동이 호기심을 가지고 자신만의 상상력을 발휘할 아주 좋은 대상**입니다. 이러한 상상의 대상에 대해 이야기를 만들거나 생각해 보는 것은 **아이들의 상상력을 발휘하도록 하는 중요한 자극제**가 됩니다.

이때 몬스터 혹은 도깨비에 대해 이야기를 만들어내는 **스토리가 그림 혹은 만들기를 통해 시각화**되는 것은 아동의 창의성 발달에 아주 많은 도움이 됩니다. 왜냐하면 일단 몬스터는 이렇게 생겼다는 실체가 없기 때문에 아이들이 만들어낼 수 있는 가능성은 무궁무진하답니다. 특히 자신만의 몬스터는 아동이 자신의 몬스터에 대한 논리를 상상으로 펼쳐지게 한답니다. <수인 그림 77>은 수인이가 유치원에서 만든 수인이 몬스터입니다. 빨간색과 함께 파란색·주황색 머리카락, 볼에는 조그만

〈수인 그림 78〉 4살 11개월

〈수인 그림 79〉 3살 9개월

뿔들이 달려 있고, 입이 여러 개인 몬스터입니다.

이 몬스터를 만들 때 수인이가 <수인 그림 76>을 그리고는 이 그림에 대해, "몬스터가 엄마를 먹고 있어요"라는 이야기를 만들어냈습니다. 조금 무섭게 느껴지는 그림 설명은 놀라거나 끔찍한 일이 아니라, 수인이의 이야기 창작이 발달했다는 것을 보여 줍니다. 수인이의 몬스터는 입이 여러 개이고, 엄마는 맛나 보이고 예쁘기 때문입니다. 몬스터가 맛나 보이는 엄마를 먹으려고 하는데 몬스터에게서 예쁜 엄마를 구출하는 수인이 이야기가 됩니다.

즉, **상상력을 발휘하면서도 자신만의 논리를** 가지고 이야기를 펼쳐 나가면서, 시각화된 그림이나 만들기는 아이의 이야기를 구체화시키는 중요한 도구가 됩니다. 또한 아이에게는 **자신의 이야기가 실물로 보이는 구체화의 역할**을 한답니다. <수인 그림 78>은 다리가 하나인 몬스터가 토끼에게 살금살금 다가가고 있는데, 토끼는 모르고 있는 장면을 그린 것이랍니다. 이 장면은 물론 긴 이야기가 됩니다. <수인 그림 79>는 종이봉지를 이용하여 우리 가족을 만든 것인데요, 엄마·아빠·자신을 통해 우리 가족이야기를 동화로 만들고, 인형극을 함께했답니다.

보고 그리기

1

관찰하고 그림 그리기

   빠르면 4세 무렵, 5~6세 정도가 되면 어떤 사물을 보고 그리는 그림을 그리게 됩니다. 이미 언급했지만 어린아이들은 대부분 보는 것이 아니라 아는 것을 그리고 싶어 합니다만, 빠르면 3세, 보통 4~5세 정도부터는 보는 것을 그리는 것도 조금씩 가능하게 됩니다. 사물을 보고 그리는 것에 대해 비교적 쉽게 다가가는 아이가 있고, 아주 어렵게 생각하는 아이들도 있는데, 이런 어려움은 아이를 '난 그림을 못 그리는 사람'으로 인식하거나, 더 나아가 그림 그리는 것을 꺼려하게 만들 수도 있습니다.

   이 시기에 형상을 재현하는 것에 좌절한 경험을 어떻게 극복하느냐에 따라 앞으로의 그림에 대한 자신감에 중요한 역할을 할 것입니다. 이 시기 그림에 대한 자신감이 중요한 이유는 미

〈수인 그림 80〉 2살 11개월

술에 대한 학습욕구를 넘어 학습 전반에 대한 자신감을 의미하기 때문입니다. 만 3~4세의 아동들이 글씨를 쓰고 이를 통해 자신을 표현하는 능력은 아직 제한적이기 때문에 자신이 아는 것을 시각화를 통해 (비록 아주 간단한 그림일지라도) 표현할 수 있는 가능성이 더 크답니다. 다시 말해 자신의 생각, **지식의 성장에 대해 언어적으로 표현하지만, 시각적 표현은 자신이 새롭게 알게 된 것을 표현하는 중요한 수단**입니다.

● '관찰'을 도와주세요

<수인 그림 80>은 국화꽃을 보고 그린 것입니다. 만 세 살이 되기 조금 전 시기에 국화를 직접 앞에 놓고 그린 것인데, 그림만 봐서는 앞에 놓고 그린 것인지 그냥 전에 본 것을 그린 것인지 잘 구별이 가지 않지요. 다만 꽃잎 오른쪽 가장자리 부분에 여러 색의 점들이 들어가 있지요. 한쪽 잎이 쪼그라든 국화였지요. 수인이는 국화꽃의 시든 부분을 표현하고 싶어 했던 것 같습니다. 시든 부분을 시각적으로 보고 관찰한 것을 표현했습니다.

보고 그리기가 훨씬 정확하다는 것은 한 달 정도 후 세 살이 되고 나서, 수인이와 해바라기 그리기를 해보고 나서야 알게

〈수인 그림 81〉 3살

〈수인 그림 82〉 3살 2개월

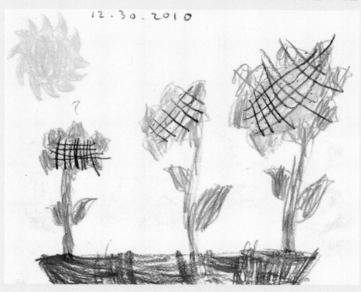

〈수인 그림 83〉 3살 2개월

The stick bug has four legs and two feelers.

-Suina

되었습니다. <수인 그림 81>을 보시면 수인 사진을 기준으로 왼쪽은 안 보고 그린 것이고 오른쪽은 보고 그린 그림입니다. 수인이가 전에 보아 **'기억'하는 해바라기**는 초록색 줄기와 노란 잎이 있는 큰 꽃이라는 정도였습니다. 이에 반해 **'관찰'하며 그린 해바라기**를 보면 많은 씨 부분을 표현하려고 했으며, 꽃 잎의 숫자도 많고 뚜렷하지요. 관찰 그림은 사물을 보고 알게 된 **지식(꽃잎은 한쪽만 시들 수도 있다. 해바라기는 씨가 많다)을 시각을 통해 표현**하는 것입니다. <수인 그림 82>는 세 개의 해바라기가 꽂혀 있는 꽃병을 그린 것입니다. 꽤나 정확한 묘사이지요.

<수인 그림 83>은 수인이가 3세 2개월일 때, 즉 38개월 때 막대벌레를 관찰하고 그린 그림입니다. 굉장히 정확한 곤충에 대한 묘사입니다. 정말 똑같이 생겼으며 더욱 놀라운 것은 죽은 것이 아니라 살아 움직이는 벌레를 보고 그린 것입니다.

수인이는 엄마랑 그림을 많이 그려서 그림을 잘 그리는구나 하시겠지만, 사실 이것은 수인이가 유치원에서 그린 것입니다. 수인이는 몇 주에 걸쳐 막대벌레에 대해 배우고, 관찰을 열심히 할 시간을 가졌기 때문에 이렇게 그리게 된 것입니다. 다시

말해 그 사물을 공부하고 연구하여 그 사물에 대한 관심과 애정이 생겼기 때문에 가능한 것이었습니다.

보고 그리기의 시작은 관찰입니다. 보면서 그리는 것뿐 아니라 **그리기 전에 충분히 보고 이야기하고 그 사물에 대해 관심과 흥미가 생겨야 가능**합니다. 그러므로 보고 그리기를 하려면, 아이들이 사물을 진정으로 바라볼 수 있도록 관찰을 도와주셔야 합니다. 그림을 잘 그리는 것이 목표가 아니라, **그 사물을 잘 보고 그 사물에 대해 알게 된 지식들을 표현하는 것이 목표입니다.** 수인이는 막대벌레가 4개의 다리와 2개의 더듬이가 있다는 것을 알게 되었음을 그림을 통해 표현하고 있습니다. 굉장히 정확한 비례와 생김새로요. 그 사물에 대해 함께 보고, 함께 이야기하고, 책도 찾아보고, 즉 함께 공부하게 되면 그 사물에게 아이의 마음이 쏟아지게 됩니다. 그 마음이 재현하는 그림의 첫 번째 시작이지요.

이러한 관찰에 대한 태도는 앞으로 아이가 공부라는 것을, 어떤 것을 연구하는 것이 무엇인지를 가르쳐줄 것입니다. 설리번을 비롯한 많은 학자들은 그림을 그리는 것이 연구방법의 하나임을 주장합니다. 몇 가지 이유를 설명드리겠습니다. 첫째,

재현적 그림을 그릴 때는 3차원의 입체사물을 2차원의 평면으로 표현을 해야 합니다. 여기서 아이들은 문제에 봉착하게 됩니다. 당연히 쉬운 일이 아닙니다. 어떻게 해야 사물을 표현할 수 있을까 하는 문제를 해결해 나가는 과정 자체가 연구입니다. 둘째, 미술이라는 시각적 언어는 수학 같은 과목처럼 문제가 있으면, 답이 있는 영역이 아닙니다. 이렇게 그렸든 저렇게 그렸든 맞고 틀린 것이 존재하지 않습니다. 그렇기 때문에 그림을 그리는 순간순간 문제가 계속 변하고 스스로 문제를 만들어내게 됩니다. 이 사고과정은 아이가 성장하면서 스스로의 연구과제를 창조해 나가는 융통성을 키워줄 것입니다. 융통성은 창의력의 기본전제입니다.

● 가장 가까이 있는 것을 그리도록 해주세요

관찰이 재현적 그림을 그리는 첫걸음이라는 맥락과는 거꾸로, 잘 아는 것을 그리는 것이 더 쉽습니다. 관찰에 적합하여 재현적 그림이 쉽다고 생각하는 것을 판단하는 우리 어른의 생각이 늘 옳지는 않다는 것을 기억하십시오. 재현적 그림이라면 정물화를 생각하고 정물화에 많이 등장하는 사과나 꽃병 등을

〈수인 그림 84〉 3살 3개월

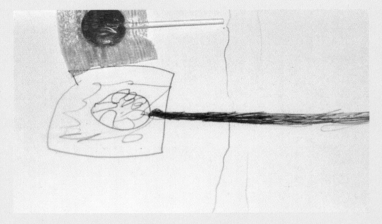

〈수인 그림 85〉 3살 9개월

놓아두고 아이에게 그리라고 하면 정말 '그리는 것'에만 집중하게 됩니다. 아이가 그 당시 하고 있는 것, 좋아하는 것을 그리게 해주세요. <수인 그림 84>는 수인이가 좋아하는 막대사탕을 그린 것인데요, 간단하지만 잘된 묘사이지요. 이렇게 자신이 좋아하는 것을 쉬운 것부터 보고 그리게 도와주세요. 자신이 본 것을 그림으로 재현하는 훈련은 미술적 기술의 습득이며, 눈과 손의 협응을 알게 하는 훈련이랍니다.

때로는 <수인 그림 85>처럼 수인이가 원하는 대로 그려지지 않아 실망할 때도 있을 것입니다. 꿀벌과 꿀벌 집을 보고 신기해서 그리고 싶어 했지만 잘 되지 않은 것인데요, 이것은 연습 과정이고 언제든 다시 그릴 수 있음을 알려 주시고, 더 잘 보도록 도와주세요.

2

기억에서 사고와 감정을 그려내기

    가까이 있는 사물을 애정을 가지고 관찰하고 그리기는 자신의 기억을 그리는 데 직접적으로 영향을 미치게 됩니다. 관찰한 것을 바탕으로 자신이 기억하는 사물의 모습을 그릴 때, 아이들은 자신의 상상력을 동원하게 됩니다. 자신이 관찰한 것은 아이에게 과거의 경험, 혹은 이미 알게 된 지식으로 자리 잡게 되고, 이를 바탕으로 상상력을 가지고 자신만의 의미가 담긴 작품으로 재탄생하게 되는 것입니다. <수인 그림 86>은 <수인 그림 85>에서 수인이가 꿀벌을 보고 그리는 것을 힘들어한 지 얼마 지나지 않아 꿀벌이 된 자신의 모습을 그린 그림입니다. 수인이는 <수인 그림 85>에서 움직이는 날개를 표현하는 것을 어려워했습니다만, 관찰을 통해 꿀벌이 6개의 다리를 가지고

〈수인 그림 86〉 3살 9개월

〈수인 그림 87〉 4살 10개월

〈수인 그림 88〉 4살 11개월

엄마 미술놀이 하자!

있고 머리, 몸통, 날개로 이루어져 있으며 몸통은 노란색과 검은색의 줄무늬로 되어 있다는 것을 알게 되었지요. 이렇게 알게 된 지식을 가지고, 자신이 꿀벌이 되어 날아다니며 꽃을 찾아다니고 싶다는 생각을 하게 되었고, 꿀벌 자화상을 그리게 된 것입니다. 어느 동물이나 사물에 자신을 투영하는 행위는 **아이가 자신의 사고와 감정의 범위가 넓어지는 것을 직접적으로 보여 주는 것입니다.**

<수인 그림 87>은 수인이가 고양이와 함께 노는 즐거움을 표현한 그림입니다. 우선 이 그림에는 수인이는 애완동물이 없어서, 애완동물을 키우고픈 마음이 드러나 있습니다. 함께 놀 수 있다면 얼마나 즐거울지 고양이와 수인이가 서로 바라보는 얼굴 표정을 보면 알 수 있습니다. 그리고 수인이는 발이 없고 고양이는 있는데요, 함께 놀지만 자꾸만 달아나는 고양이와 계속 쫓아갈 수 없는 자신이 표현되어 있지요. 수인이의 논리와 감정이 드러나는 그림입니다.

<수인 그림 88>은 아빠와 자신의 네발자전거를 그린 그림입니다. 일단 아빠를 보면 넓은 어깨와 큰 손을 통해 아빠가 능력이 있는 사람이라는 것에 대한 수인이의 믿음이 보입니다. 아

빠의 모습에는 수인이가 자전거를 혼자도 잘 타는 모습을 바라보며 놀라고 기뻐하는 아빠의 감정이 담겨 있습니다. 자전거를 보면 네 개의 바퀴와 손잡이, 핸들 등의 묘사를 통해 자전거의 기능과 모양을 인지하고 있는 수인이의 지식을 보여 줍니다. 기억을 통해 자신의 사고가 발달함을 나타내고 스스로 확인해 나가는 것이랍니다.

공간이 담긴 그림

1

수인이가 기린 뒤에 있잖아요

    수인이가 만 4세 반일 때 수인이와 엄마는 서울대공원에 가서 기린을 봤습니다. 점심을 먹으며 수인이는 기린을 그렸습니다. 기린을 그린 뒤 "아, 나도 그려 넣어야지"라면서 자신을 그렸습니다. 그런데 수인이의 다리가 없습니다. 정확히 얘기하자면 기린 몸 위쪽에 수인이의 얼굴과 팔, 몸이 있고 기린의 몸 아래쪽에 수인이의 다리 없는 발만 보입니다(<수인 그림 89>).

    수인 엄마가 물어 보았습니다.

> "수인아, 수인이 몸이 있고 그리고는 발이 있네. 그럼 중간에는 뭐가 있어?"
> (이때 수인 엄마는 수인이가 다리 그리는 것을 잊었거나 다리를 그리지 않은 내용적 이유가 있다고 생각했습니다.)
> 수인이가 대답했습니다.
> "수인이가 기린 뒤에 있잖아요. 기린이 수인이 앞에 있고요."

〈수인 그림 89〉 4살 6개월

엄마 미술놀이 하자!

어떤 사물이 어떤 것 뒤에 있으면 앞에 있는 사물만 보인다는 것을 아이들은 알고 있습니다. 다시 말해 아이들은 두 개의 사물이 똑같은 시간에 같은 공간을 차지할 수 없다는 것을 알고 있습니다. 2차원의 평면 안에서 **공간을 표현해야 하는 문제를 해결**하기 위해 어린아이들은 대부분 앞의 사물과 뒤에 있는 사물을 따로 놓아 그립니다. 겹쳐지게 그리는 것이 아니라 따로따로 놓아 그립니다. 가끔 투시적 관점에서 집 안에 있는 자신이나 엄마 아빠 등 사람을 집 위에 겹쳐 그리기도 하며, 엄마 배 속에 있는 태아 동생을 엄마 배 위에 그리기도 합니다. 이것은 닫힌 공간의 내부를 표현하려는 **아이들의 논리적 해결력**을 반영하는 것입니다.

이러한 공간에 대한 아이들의 고민은 어른의 눈에 잘 보이지는 않지만 오랫동안 계속됩니다. 해결력이 현저히 발달해 가시화되는 시기가 있는데, 아이가 사물의 겹쳐진 부분을 인식하여 두 사물이 겹쳐진 것을 표현하게 되는 때입니다. 즉, 앞의 물체 때문에 안 보이는 부분이 생긴 뒤에 있는 물체를 그리는 것입니다. 이렇게 아동의 그림에서 뒤의 사물이 앞의 사물 때문에 가린 것을 표현하는 것을 '**중첩(overlap)**'이라고 합니다.

미술발달에서 아이가 이 중첩을 그림 안에서 표현했다면, 아이의 그림에 또 다른 하나의 큰 발전을 나타내는 것입니다. 사물이 보는 관점에 따라 앞과 뒤에 보인다는 것과 앞의 것이 뒤의 것을 가린다는 **물리적 공간의 특성을 이해한 것을 시각적으로 표현**하는 것입니다. 이는 원근법 등 3차원의 공간을 표현하는 미술의 여러 방법을 알아가는 첫걸음이기 때문입니다. 즉, 그림이 2차원의 평면에 자신이 알고 있는 개념을 표현한 것에서 3차원의 공간을 표현하는 것이 가능하다는 것을 이해한 첫 단추인 것입니다.

아이가 중첩의 모양을 처음으로 재현했을 때 그 그림의 의미, 공간을 도화지에 그린 것이라는 의미를 아이에게 설명해주세요. 물론 아이는 알고 있기 때문에 그렇게 그렸을 것입니다. 하지만 **자신이 이것을 알고 있다는 것을 재확인시켜 주는 일은 자신이 알고 있는 것을 더욱 구체화**시키는 동시에, 얼마나 큰 성장을 한 것인지 일깨워줄 것입니다.

중첩을 표현한 것이 중요한 또 다른 이유는 아이가 **자기중심적인 성향에서 벗어나 자신이 세상의 일부임**을 알아가는 과정이기 때문입니다. <수인 그림 89>에서 수인이가 기린과 자기를 그린 과정을 보시면 알 수 있습니다. 수인이는 기린을 먼저 그리고 나서 자신을 그렸습니다. 기린→수인이라는 순서가 있기 때문에 중첩 표현이 가능한 것입니다. 수인이가 먼저가 아니라 기린이 먼저라는 것은 수인이 인식의 변화입니다. 기린을 보러 간 수인이보다 그려진 기린이 주인공이며, 수인이는 보는 사람들 중 하나라는 것을 인식하고 있음을 보여 줍니다. 미술은 아이가 우리가 살아가는 세상에 자신이 한 부분이라는 것을 알게 하는 놀라운 힘을 가졌답니다.

2

밑바탕선을 그렸어요

3차원의 공간을 이해하기 시작한 또 다른 징후는 밑바탕선을 그리는 것입니다. 미술교육자들은 기저선(base line)이라고 부르는데, 보통 바닥 밑선과 수평으로 나타나게 됩니다.

혹시 아이들 중에 어디에 간 것을 그리면 밑에 선을 그리는 것으로부터 시작하는 아이들이 있지요. 놀이터에서 노는 장면을 그리면 놀이터라는 공간을 설명하기 위해 밑바탕에 선을 그어 그 공간을 표현합니다. 대개 유치원을 졸업하고 학교에 들어갈 무렵 가장 많이 나타납니다.

처음에는 바닥 밑선에 거의 붙어서 수평으로 그려지다가 조금 지난 후 종이의 좀 더 높은 위치에 그리는 경우가 많으며 여러 개의 바탕선을 그리는 아이도 있습니다. 또한 여러 개의 바

〈수인 그림 90〉 4살 10개월

탕선을 그리고 하나의 선마다 하나의 사람이나 사물을 그려 넣는 경우도 있습니다.

이 바탕선은 아주 단순해 보이기도 하고, 무언가 알 수 없어 무의미해 보일 수 있습니다. '왜 우리 아이는 이 선을 그리지?'라고 생각하다 보면 많은 아이들이 이 선을 그리는 것을 쉽게 발견할 것입니다. 단순해 보이는 이 선은 아이가 사람이나 사물을 '서 있게' 만들고 싶기 때문입니다. 또 여러 사람과 사물을 함께 서 있도록 하고 싶기 때문입니다. 즉, **한 공간 안에 여러 물체가 함께 존재하도록 하고 싶은 공간에 대한 고민의 결과**입니다. 아이 그림에 공간이 나타나는 것이지요.

<수인 그림 90>은 '무지개 꽃(Rainbow flower)'를 그린 그림입니다. 수인이는 무지개를 몹시 좋아하고, 꽃 또한 가장 자주 그리는 소재 중 하나입니다. 이 두 가지를 연결하여 자신이 '무지개 꽃'이라는 새로운 꽃을 만들어내었지요. 예쁜 무지개 색에 꼼꼼히 그리기도 했지만, 이 그림에서는 밑바닥 선에 주목해주세요.

〈수인 그림 91〉 5세

엄마가 물었습니다.

"수인아, 이 선, 이 가로로 그은 선은 뭐야?"
"잔디(grass)예요."
수인 엄마는 단순히 잔디를 묘사한 것인지 생각했습니다.
"잔디는 평평해?"
"아니요. 무지개 꽃이 잔디에 서 있어야 하잖아요. 누워 있지 않고."

수인이가 무지개 꽃이 잔디밭에 누워 있는 모습이 아니라 서 있는 모습으로 표현하고 싶었던 것입니다. 평면의 종이 위에 잔디밭과 꽃이라는 사물과 공간을 표현하고 싶은 것입니다.

밑바탕선과 함께 하늘선도 나타납니다. <수인 그림 91>은 엄마와 나입니다. 엄마와 자신이 신나서 놀고 있는 모습은 이전에도 많이 그린 그림이지만 이 시기부터는 하늘선이 종종 등장합니다. 하늘선은 바닥과 땅에 대한 구별이고 공간에 대한 인식입니다.

이 그림에서 한 가지 더 언급할 것은 수인이가 이 그림이 "머리카락 그리는 것을 잊어버렸지만 엄마랑 나예요"라고 설명한 것입니다. 4~5세의 아이들에게 머리카락은 성별을 구별하는 중요한 요소이고 그림에는 남녀의 구별이 뚜렷이 나타나게 됩

〈수인 그림 92〉 5살

니다. 자신과 다른 성을 구별하는 인지력과 자신에 대한 정체성을 드러내기 시작하는 순간입니다.

<수인 그림 92>는 '바다에서 뛰어오르는 인어'를 그린 것인데요, 바다라는 공간과 하늘에 대한 분리, 수영복과 머리카락을 통해 여성을 묘사하고 있습니다. 바다를 평평하게 표현하지 않고 둥근 형태로 표현하여 물결이 치는 느낌까지 표현하려 하고 있습니다. 무엇보다 바다에서 나온 포즈는 공간 파악과 함께 순간적 시간을 포착하려 하고 있습니다.

공간에 대한 문제해결력은 순간포착능력까지 발달시켜준답니다.

3

새의 눈 관점에서

아이가 밑바탕선과 하늘선을 통해 그림 안에서 공간을 표현하게 되면, 아이는 어느 곳에서 다른 곳을 보는 시점을 그리게 됩니다. 즉, 보는 사람인 자신이 그려지는 사물을 어디에서 바라보는지를 그리게 됩니다. <수인 그림 93>을 보면 이러한 위치 파악이 시작되는 것을 보여 줍니다. 늘 그리는 무지개를 그린 수인이는 종이의 구석마다 세모난 색을 칠해 넣었습니다. 수인 엄마는 당연히 이것이 무엇인지 물었지요. 수인이는 "창문 밖에 있는 무지개"라고 합니다. 자신은 방 안에 있고 무지개는 바깥에 있는 것을 표현하려 한 것이지요.

이러한 보는 관점에 대한 인식은 어떤 공간을 하늘 위에서 그린 모습으로 그리면서 더욱 발달하게 됩니다. <수인 그림 94>는

〈수인 그림 93〉 4살 10개월

〈수인 그림 94〉 5살 2개월

우리 집 거실을 그린 것인데, 마치 천정 위에서 내려다본 것처럼 그렸지요. 이 그림은 거실이라는 **공간에 의자와 테이블 등이 어떻게 위치해 있는지 표현의 문제를 해결**하기 위해 위에서 내려다본 모습으로 그리는 것이 효과적이라고 인식한 결과이지요. 이러한 관점을 새의 관점으로 그린 그림이라 하여 '조감투시(Bird's－eye view)'라고 부릅니다. 조감투시는 다시점(multiple view)으로 이어지기도 합니다. 이러한 다양한 투시법들은 아이가 **자기중심적인 성향에서 벗어나 세상이 돌아가는 상황에 관심을 가지고 이해하게 되었다는 명확한 증거**입니다. 미술을 통해 자신의 세상을 배우는 것이며, 알게 된 세상을 표현하는 것입니다.

4
디자인 감각

아이가 새의 관점을 표현하게 되는 때와 비슷한 시기에 아이들은 디자인 패턴이 보이는 그림을 그리기도 합니다. <수인 그림 95>와 같은 형태인데, 많은 아이에게서 나타나는 것은 아닙니다만, 대부분의 아이들이 이러한 그림을 그리기 시작하면 몹시 즐거워하고 따라서 반복합니다.

패턴 디자인 형태의 그림은 아이의 두 가지 현저한 기술적·심미적 발달을 보여 주는 것이자, 앞으로 더욱 발달할 수 있는 중요한 연습입니다. 첫째로 **응용력**인데요, 수인이는 <수인 그림 95>를 물감으로 일반 종이에 그린 것이 아닙니다. <이미지 96>에 보이는 수인 엄마의 매니큐어를 가져와, 포스트잇이라 불리는 접착 메모지에 그려 커다란 종이에 나란히 붙인 것입니다.

〈수인 그림 95〉 4살 9개월

〈이미지 96〉 4살 9개월

〈수인 그림 97〉 5살

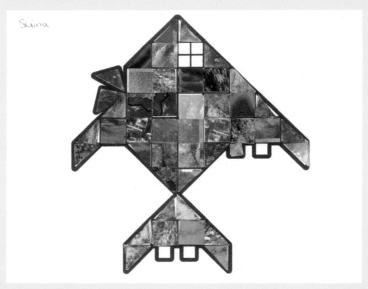

물론 수인 엄마가 매니큐어를 써 보라고 권한 것이 아니라 스스로 (사실은 몰래) 가져다 그린 것이지요. 여러 가지 자신의 주변 재료가 그림의 재료가 될 수 있고, 어떻게 써야 효과적일 것이라는 것을 알게 되었다는 것은 **융통성과 유창성**의 발달을 보여 주는 것으로 창의성의 중요한 요소들이지요. 또한 하트라는 한 가지 모양을 다양한 색과 조금씩 다른 형태로 **응용**한 것은 창의성 발달에 명확한 표현입니다. 많은 창의력 검사에서 한 가지 모양을 상상하여 그리기를 얼마나 다양하게 할 수 있는지를 테스트하기도 한답니다. 둘째로 패턴 디자인은 선, 색, 형태뿐 아니라 **통일, 리듬, 비례, 균형과 같은 디자인의 기본 원리**를 체득하는 연습이 됩니다. 우리의 일상 생활용품을 심미적 눈으로 바라보고 디자인할 수 있는 능력을 키우는 연습이지요. <수인 그림 97>은 흔한 색칠공부의 도형을 사진과 잡지를 잘라 붙인 작품으로서 수인이가 몹시 즐거워한 작품입니다. 통일성 있는 무늬를 찾아 오려 붙인 것인데, 수인이가 많이 좋아하는 놀이랍니다.

수인이는 막 5세가 된 최근 <수인 그림 98>과 <수인 그림 99>처럼 사람이 움직이고 있는 한 장면을 캡처하여, 자신의 감정을 담아내고 있습니다. <수인 그림 98>은 인어를 그린 것인데, 바다에서 뛰어오르는 모습과 기다란 머리카락 등을 사인펜과 물감을 섞어서 그렸습니다. 이 그림에는 수인이의 인어에 대한 동경과 수인이의 꿈이 펼쳐져 있으며, 수인이의 상상의 이야기가 담겨 있습니다. <수인 그림 99>는 엄마와 수인이가 즐겁게 노는 모습으로 현재 잠시 떨어져 있는 엄마를 그리워하며 활기찬 엄마를 표현하고 있습니다. 그림을 통해 자신을 이야기하고 자신의 바람을 표현하고 상상력을 발휘하고 있습니다.

수인이는 자신의 이야기를 끊임없이 그림으로 그려내고, 그 그림을 말로 설명하고 다시 다른 그림으로 표현합니다. 자신이 새로이 다니게 된 학교가 어떤 구조로 되어 있는지 설계도면

〈수인 그림 98〉 5살

〈수인 그림 99〉 5살

처럼 그려서 자신이 학교를 얼마나 잘 알게 되었나를 표현합니다. 스스로 자신의 지식을 확인하고 나서는, 문 밖에서 기다리는 아빠를 그려 넣어 자신의 이야기로 만들어냅니다. 자신의 경험을 시각화시키고 자신의 이야기를 발전시켜 나갑니다. 수인이만의 시각언어를 발달시키고 있습니다.

우리는 우리를 둘러싼 시각문화의 홍수 속에 살고 있습니다. 복잡한 시각환경에서 우리에게 여러 가지 시각정보를 어떻게 받아들이고 배우고 자신만의 기준으로 바라보는 눈을 키우는 것은 어린 시절의 훈련 없이는 불가능합니다. 상업적 광고 뒷면에는 무슨 의미가 있는지, 게임의 이미지들은 어떻게 사람을 현혹하는지, 시각적 이미지를 읽는 능력은 우리 삶에 필수적입니다.

우리 교육의 현안이 무엇입니까? 통합교육, 융합교육, 영재교육 등에서 중요한 목표는 창의력 신장입니다. 어린아이 시기에 미술활동은 창의성 발달에 중요한 역할을 합니다.

아이들은 그림을 통해 배우고 자라납니다. 아이들은 선, 형, 색, 질감을 통해 '시각적 개념'을 확립시키고, 선을 가깝게 놓을지 멀리 떨어뜨려 놓을지, 또는 화면의 위·아래·중간 어디에 놓을지, 겹쳐 놓을지 등에 연습하며 '상대적 개념'을 발달시킨답니다. 아이들은 선을 빠르게 그릴 수도 있고, 뾰족하게 그릴 수도 있는데 이는 행복, 활발함, 피곤함 등을 표현하는 '표현적 개념'을 통해 느낌과 감각을 발달시킨다고 합니다(Burton, 1980). 어린아이의 발달과 삶 속에서 시각적으로 자신을 표현할 수 있는 능력을 키워주는 것은 우리가 음성언어로 말할 수 있는 능력, 혼자 옷을 입을 수 있는 능력과 같은 하나의 언어이자 인간에게 필수적 능력입니다.

이 책은 수인이가 태어나 처음 그림을 그린 7개월부터 현재인 막 5세가 된 시점까지를 다루고 있습니다. 미술발달 이론에 의하면 수인이는 조금 더 도식화된 표현의 그림을 그려낼 것이며, 다양한 공간에 대한 문제를 해결해 나갈 것이고 이 과정에서 난관에 봉착하기도 할 것입니다. 앞으로 몇 년 후 수인이의 새로운 그림으로 다시 한번 아이들이 자라는 게 보이는 그림이야기를 해볼 수 있기를 바랍니다.

저자 정혜연

그림 그리는 사람을 어릴 때부터 꿈꾸어 온 사람인 정혜연은 그림을 보는 것을 즐거워하며 그 즐거움을 널리 알리려 노력하는 사람입니다. 그림을 통해 나를 보고 다른 사람을 알아 가고 이해하는 소통의 중요성을 믿는 미술 교육자이자 한 아이의 엄마입니다.

홍익대학교 회화과와 동 대학원을 졸업하고 미국 뉴욕 소재 컬럼비아 대학교 사범대학(Columbia University, Teachers College)에서 예술경영학 석사와 미술교육학 박사를 취득했습니다. 메트로폴리탄에서 일한 경력이 있으며, 미술관의 여러 프로그램에 관해 연구하고 자문하고 있습니다. 현재 홍익대학교 교육대학원 미술교육과 겸임교수로 재직 중입니다.

그림 서수인

물감놀이를 좋아하는 서수인은 뉴욕에서 태어나 생후 2개월부터 많은 미술관을 돌아다니며, 그림을 통해 사물과 환경을 알아왔습니다. 7개월 되던 때부터 크레용을 쥐고 그림 그리기를 시작, 말하기 이전부터 그림을 통해 자신을 표현하는 방법을 익혀 왔습니다. 많은 미술 매체를 탐구하는 것을 좋아하며 자신이 알아 가는 세상을 그림으로 표현하는 것에 익숙합니다. 만 4세 때 뉴욕 시 교육청 영재 시험에서 상위 1%인 영재 판정을 받아 5세인 2013년 현재, 뉴욕 시 영재학교(Gifted and Talented School) 중 가장 주목받는 앤더슨 초등학교에 다니고 있습니다.

초 판 인 쇄| 2013년 4월 1일
초 판 발 행| 2013년 4월 1일

지 은 이| 정혜연
그 린 이| 서수인
펴 낸 이| 채종준
펴 낸 곳| 한국학술정보㈜
주   소| 경기도 파주시 문발동 파주출판문화정보산업단지 513-5
전   화| 031) 908-3181(대표)
팩   스| 031) 908-3189
홈 페 이 지| http://ebook.kstudy.com
E - m a i l| 출판사업부 publish@kstudy.com
등   록| 제일산-115호(2000. 6. 19)

ISBN   978-89-268-4200-3 03370 (Paper Book)
          978-89-268-4201-0 05370 (e-Book)